文化浙江·大讲堂（第二辑）

谢利根　赵　敏 主编

浙江工商大学出版社
ZHEJIANG GONGSHANG UNIVERSITY PRESS
·杭州·

图书在版编目（CIP）数据

文化浙江·大讲堂. 第二辑 / 谢利根，赵敏主编. — 杭州：浙江工商大学出版社，2021.11

ISBN 978-7-5178-4700-7

Ⅰ. ①文… Ⅱ. ①谢… ②赵… Ⅲ. ①文化史—研究—浙江 Ⅳ. ①K295.5

中国版本图书馆CIP数据核字（2021）第211952号

文化浙江·大讲堂（第二辑）

WENHUA ZHEJIANG DAJIANGTANG (DI-ER JI)

谢利根　赵　敏　主编

责任编辑　王　琼
封面设计　沈　婷
责任印制　包建辉
出版发行　浙江工商大学出版社
（杭州市教工路198号　邮政编码310012）
（E-mail:zjgsupress@163.com）
（网址:http://www.zjgsupress.com）
电话:0571-88904980,88831806（传真）
排　　版　杭州朝曦图文设计有限公司
印　　刷　杭州宏雅印刷有限公司
开　　本　710mm×1000mm　1/16
印　　张　10
字　　数　147千
版 印 次　2021年11月第1版　2021年11月第1次印刷
书　　号　ISBN 978-7-5178-4700-7
定　　价　38.00元

让诗路串珠成链 让文化滋养浙江大地

浙江自古丽逸江南、山清水秀，吸引了历代思想大家、文人墨客前来游历论学，留下无数精彩华章。为了传承和弘扬浙江历史文化，浙江省社会科学界联合会与浙江电视台新闻频道强强联合，自2018年1月，正式推出文化专栏《文化浙江·大讲堂》，通过电视台、网络联播，多渠道分发，取得了良好的传播效果，培养了一批忠实的观众、听众和网友。

有一条路，没有路牌，是400多位唐代诗人用1500多首诗歌铺就的山水人文走廊；有一条线，虽沉寂千年，却与丝绸之路、茶马古道一样回响文化余韵。浙江新昌学者竺岳兵先生于20世纪80年代提出“剡溪是一条唐诗之路”，1993年中国唐代文学学会将其正式定名为“浙东唐诗之路”。新时代背景下，浙江发布大花园建设行动计划，明确将浙东唐诗之路、钱塘江诗路、瓯江山水诗路、大运河诗路“四条诗路”建设，列为大花园建设的标志性工程，打造有灵魂、有美景、有历史、有文化的现代版“富春山居图”。“四条诗路”是串联浙江文化精华之“链”，是串联浙江诗画山水之“链”，也是串联浙江全域发展之“链”。

第二季《文化浙江·大讲堂》聚焦浙江四大诗路中的浙东唐诗之路和大运河诗路。专家学者从山水之美、人文之秀、仙道之奇等方面，探讨诗路形成的原因、过程与意义，走访诗路沿线标志性景点，以诗歌为线，以诗人与当地故事为血脉，解读重点诗歌内涵与文化，打造兼具乡土与人文的文化节目。

《文化浙江·大讲堂》栏目邀请的专家，多为诗路沿线，浸淫当地文化数十年的本土文史专家，对一些标志性景点的掌故烂熟于心，确保了节目内容的权威性、专业性、严谨性和系统性，将每个故事娓娓道来，引人入胜。例如柯桥地区专家黄锡云，既是文史专家，又是诗人，他以现代诗人的视野，结合鉴湖、若耶溪等景观，对唐代诗人、唐代诗歌进行阐述。又如结合唐代著名诗人贺知章的《咏柳》，来分析贺知章晚年隐居鉴湖的心境、其诗歌的特点，以一种通俗、充满故事性的方式来阐释诗歌文化，让大众在一窥当地美景的同时，对浙东唐诗之路产生由衷的亲近感、认同感和自豪感。

唐诗是中华文学中耀眼的明珠，李白、杜甫、王维、白居易等是家喻户晓的诗人。每一期的节目以一篇著名唐诗开篇，并以诗串联起每一期景点的故事，“龙楼凤阙不肯住，飞腾直欲天台去”“海客谈瀛洲，烟涛微茫信难求”“若耶西边采莲女，笑隔荷花共人语”等唐诗，既朗朗上口，又充满地方特点，展现当地的诗情画意，将观众带入当时、当地的情景当中，令人回味无穷。

第二季《文化浙江·大讲堂》栏目在第一季的基础上，突破了演播室的局限，记者和专家一起走向诗路沿线，并用航拍、精拍、微观拍摄等手段，采集大量精致的画面，让观众感受浙江大好河山的无穷魅力。如《飞瀑争流 五泄安禅》中，节目组通过航拍展现五泄瀑布的壮阔，通过微观拍摄展现每个瀑布的特点，将五泄瀑布从乐章起步、基调平缓到蛟龙出海、蔚为大观的特点，淋漓尽致地表现出来。它依托电视画面直观的叙事功能和丰富的表现力，融情于景，情景交融，极大地提高了节目的现场感，增强了节目的可看性，又充分结合当地景点，呈现当地有的耳熟能详，有的鲜为人知的故事，增添了文化讲解的故事化、趣味性。《文化浙江·大讲堂》栏目充分利用现代传播的创新路径及鲜活形式，巧妙地融合传统文化的学术性和大众性，推动优秀文化“飞入寻常百姓家”。

守望文化家园，传承历史文脉。我们在将电视节目转化成文字的同时，还加入了数字化视频，将《文化浙江·大讲堂》转化为可看、可品、可读的出版物，希望大家在闲暇之余，细细品味这道精心烹饪的文化大餐，从中感受浙江诗路文化之悠远隽美。循着书中故事，与李白、杜甫、白居易来一场美丽的山水之约。

目前，《文化浙江·大讲堂》已完成第三季、第四季的采制播出，在走读四大诗路之后，又聚焦诗路明珠——古城、古镇、古村，相关书籍将陆续推出。

文化浙江，锦绣华章，希望《文化浙江·大讲堂》能以文化的力量，为浙江大地提供丰富的精神滋养！

浙江电视台　赵敏

2021年10月

目　录

浙东唐诗之路篇

此行何为：浙东唐诗之路的成因 / 003
西兴老街：浙东唐诗之路的起点 / 010
悠悠若耶溪 / 014
桃源风月斑竹驿 / 017
沃洲风光秀如眉 / 021
剡县风骨村落情 / 025
千金不须买画图
——唐代诗人咏鉴湖 / 028
山阴道上佳山水 应接不暇游人醉 / 032
书法圣地独步天下 墨客骚人踵继朝拜 / 035
东南山水越为首 谪居犹得住蓬莱 / 038
剡溪风华禅意浓 / 042
龙山高阁参天半 旷望不与人间同 / 045
苎萝山前浣江流 西施故里风光柔 / 050
飞瀑争流 五泄安禅 / 054
曹娥庙里秋月明 / 057
风流谢安在东山 / 060
剡溪蕴秀别样深 / 063
剡溪风物人最忆 / 066

南国天台山水奇 / 069
天台山上遇仙客 / 073
天台寻“踪” / 078
仙居佳山水 才子多励志 / 084
千年古城忆临海 / 088
戚继光筑城抗倭 / 091

大运河篇

大运河（浙江段）：东南财赋地 江浙人文薮 / 097
大运河（浙江段）：流淌的文化 / 101
大运河（浙江段）：南来北往 传承古今 / 104
大运河（杭州段）：运河遗韵 / 107
大运河（杭州段）：融通古今 两岸繁华 / 111
大运河（杭州段）：奔流不息 文脉常新 / 114
大运河（宁波段）：河海之城 / 117
大运河（宁波段）：商韵流转 / 121
大运河（宁波段）：天工人巧 / 125
大运河（湖州段）：古韵新市 运河明珠 / 129
大运河（湖州段）：一丝一书 水晶晶的南浔 / 133
大运河（绍兴段）：越地长歌 / 137
大运河（绍兴段）：古越文脉 弥久长新 / 140
大运河（嘉兴段）：八水绕城 古韵悠悠 / 144
大运河（嘉兴段）：古今辉映 风物长存 / 148
大地史诗 千年运河 / 151

浙东唐诗之路篇

此行何为：浙东唐诗之路的成因

导读：1000多年前，400多位唐代诗人用1500多篇诗歌汇聚成一条浙东唐诗之路。“此行不为鲈鱼脍，自爱名山入剡中。”浙东唐诗之路的形成，和浙东山水有什么样的关系？为什么在唐代，诗人蜂拥至浙东？唐诗之路的形成，为什么和僧、道密不可分？

此行何为：浙东唐诗之路的成因

魏晋风流 佳山秀水

浙东唐诗之路是一条水路泛舟、水尽登山而歌的游历之路，更是一条山水与文化结合的吟咏之路。浙东唐诗之路的形成，是浙东山水之美逐渐被发现的过程。魏晋南北朝时期，北方战乱频仍，文人南迁，谢安在东山隐居避世，王羲之于兰亭饮酒作文，文化的交融丰富了浙东的人文内涵，吸引着文人墨客到这里安置精神与灵魂。

南开大学文学院教授卢盛江认为，唐诗之路应该从东晋算起。北方的诗人南渡，把北方文化传播到南方，随后又和南方秀丽的山水结合在一起，士文化和山水文化融合。最初玄学是名教和自然，名教要出于自然，但是这个自然不是山水自然，而是任情的自然、感情的自然。虽然嵇康在北方的时候，也是走向山水，但是他的文学作品没有走向山水诗。西晋时期，名教就是自然；到了东晋，士人来到浙东之后，将对自然的认识和山水结合在一起，和山水之美结合，认识到山水才是自然。

在《世说新语》当中，记载着顾恺之称赞浙东的话语：“千岩竞秀，万壑争流，草木蒙笼其上，若云兴霞蔚。”王羲之儿子王子猷也说道：“山阴道上行，如在镜中游。”正是因为有了佳山秀水，很多唐代诗人才会来这里宦游、壮游、游学。

吴越文化研究会会长吴亚卿认为，天然的名山秀水非常吸引文人墨客，抒情也好，怀古也好，咏物也好，他们在这里交往、唱和，形成了互动。当年的李白和孟浩然，有多处关于天台山的诗词唱和。李白在诗里写道：“龙楼凤阙不肯住，飞腾直欲天台去。”其实李白在没有来之前，早就已经开始“梦游”了。他年轻时写了首《梦游天姥吟留别》，那时候他在山东，还没有来到浙江，但是他从民间的传说当中，已经获得了关于浙江山水的资料，非常期望来到浙江。

除了佳山秀水外，来这里看美人也是目的之一。绍兴文理学院人文学院教授俞志慧认为，好山好水出美人。李白称赞浙东：“若耶溪边采莲女，笑隔荷花共人语。”“镜湖水如月，耶溪女如雪。”杜甫也说：“越女天下白，鉴湖五月凉。”有这么美好的资源，诗人们被吸引来浙东，也是顺理成章的事。

隐而游 曲线救仕

“庐山烟雨浙江潮，未到千般恨不消。”（《观潮》）诗人们对浙东充满了向往。可是，为什么到了唐朝，诗人们才开始群体性地游历浙东呢？这离不开交通的发展。京杭大运河与浙东运河的开通，让商贾、文人可以自黄河、淮河、长江而东，直抵杭州，再往东，可至浙东唐诗之路沿线各地。唐代实行科举取士，但经由科举走上仕途的人少之又少。诗人们来到浙东，打着很重要的旗号，看似无意的漫游，其实各有目的。

浙东是道教名士隐居之地，隐居在这里的名士备受唐朝皇帝礼遇，对朝堂的影响不容小觑。在远离人寰的古道上，诗人们无法忘掉红尘，始终跳动着一颗报国济世的心。来寻仙访道，或许是诗人隐而仕的一个台阶。

台州学院人文学院教授胡正武认为，李白就是这一代表人物。李白出生于不能参加科举考试的家庭，出川以后，每到一个地方，他就向当地长官投献诗文。比如《与韩荆州书》《上裴长史书》等，都是他寻求指引、寻求出路留下来的珍贵证据。李白来到剡中，特别是到了天台以后，多跟方外人士打交道，与司马承祯一见如故。司马承祯曾称赞李白有仙风道骨，可与神游八极之表。可惜的是，当李白再次来到天台时，司马承祯已经去世了。所幸当时的名道吴筠和李白交好，吴筠被唐玄宗征召到朝廷之后，就带上了李白。

李白到了长安以后，拜见了当时的三朝元老、太子宾客贺知章。贺知章对李白的才华非常欣赏。据说贺知章读了李白的《蜀道难》之后，赞叹他为被天上贬入凡间的谪仙人，非常高兴。两人一起到酒店喝酒，到了酒店以后发现身上没有带钱，就解下佩戴在身上的金龟付账。金龟在当时是身份的象征。两人尽欢而散，这就是金龟换酒的故事。

寻仙访道 追慕先贤

“山高水长，物象千万，非有老笔，清壮何穷。”这幅李白唯一传世的书法真迹《上阳台帖》，用纵放自如的笔意，抒发了对道士司马承祯的仰慕之情。浙东，仙山广布，寺庙林立，是宗教避世的理想居所。白居易在《沃洲山禅院记》里写道：“东南山水，越为首……夫有非常之境，然后有非常之人栖焉。”中国计量大学人文学院教授邱高兴认为，自然风光在全国各地都有，但是为什么诗人会被吸引到浙东来，并写下大量诗篇呢？是因为有人吸引他们来这个地方。从这样一个角度来看，如果溯源的话，浙东唐诗之路兴起的因由与东晋时期北方一些士族、大家到南方来有关。唐代的浙东唐诗之路上，留下的涉及王氏、谢灵运的诗篇，有四五十篇之多。

更值得注意的是，东晋时期一些高僧、高士对后来的诗人产生了很大影响。支遁是魏晋南北朝时期佛教中国化的一个代表性人物，是即色宗代表，对佛教般若学的理论有很深刻的理解。如今在新昌，还有涉及支遁的一些地名，比如遁公岭、遁山。白居易在《沃洲山禅院记》里提到，在当时的沃洲湖水库当中，还保留着支遁养过马的养马坡和放过鹤的放鹤峰。

同时，支遁对道家也有很深的理解。有一个故事是，王羲之曾听闻过支遁的名声，他原来以为支遁徒有虚名，没有实际传说中那么厉害；见面之后，他便要求支遁讲解《逍遥游》。据说当时支遁讲起来滔滔不绝，王羲之听了以后非常佩服，两人从此成为知交好友。王羲之晚年隐居时，支遁就在旁边的寺庙相伴修行。

从这样一个事例来看，高僧、高士之间的佳话，对后来唐代诗人到这里寻访，是一个很重要的吸引因素。从另外一个角度来讲，人生当中有很多不如意的事情，有多种疏解方法，比如外出畅游，离开争斗纷扰的官场，稍微放松一下。浙东的山水和佛教文化，可以给诗人们提供很好的疏解途径。

唐代诗人承魏晋之遗风，来此寻仙访道，徜徉于山水之间，来往于出世入世之际，为后世留下了珠玉生辉的华章。一大批唐代诗人来浙东畅游、创作，留下了脍炙人口的诗篇，才有了今天的浙东唐诗之路。

浙东唐诗之路，是指唐代诗人游历浙东而形成的山水人文之路。诗路以浙东运河—曹娥江—椒江为主线，又以浙东密布的河网为支路，覆盖杭州、宁波、绍兴、台州、舟山五个地市。

中国计量大学人文学院教授邱高兴说，浙东唐诗之路最早和新昌县的一位学者竺岳兵先生有关。他原来在新昌的旅游部门工作，又爱好文学，所以他结合本职工作，发现有很多唐代诗人到过新昌，吟咏过不少和新昌相关的诗歌。

绍兴文理学院人文学院教授俞志慧说，在东晋到唐代比较长的一段时间中，新昌一带文化名人的活动有很大影响，于是提出一个剡东的概念。后来总感觉剡东也好，新昌也好，空间太小。于是在研究当中慢慢发现，不仅仅是新昌，文化名人活动范围也包括天台山，往北还包括镜湖、会稽山，于是，就慢慢有了浙东唐诗之路的概念。

热爱唐诗的竺岳兵，在20世纪80—90年代，逐渐发现了那些沉寂千年的古道。经过大量史料考证，1991年5月，竺岳兵在中国首届唐宋诗词国际学术研讨会上，宣讲了《剡溪——唐诗之路》一文。“唐诗之路”一经提出，就引起了学术界和社会各界的重视。国内、国际唐诗学界对这个概念很感兴趣，中国唐代文学学会在1993年专门召开了唐诗之路论证会，建议在唐诗之路前面，加上“浙东”作为冠词，“浙东唐诗之路”就成为学术界公认的一个概念。

中国计量大学人文学院教授邱高兴说，傅璇琮先生还专门为这个事情找过启功先生，启功为此专门写了一首诗。这个概念从最早提出到最后定型，确定为浙东唐诗之路，经历了不同发展时期。

浙江自古丽逸江南，人文蔚兴。千百年前，唐代诗人对于浙东山水充满向往与渴望，他们离开热闹繁华的长安，一路南下，或探幽访胜，或寄情山水，或问道论学。李白梦游，杜甫归帆，白傅垂文，且行且歌，一路风光一路诗，踏成一条唐诗之路。

中国计量大学人文学院教授邱高兴认为，从广义上讲，浙东唐诗之路应该包括浙东广大区域。从历史上看，唐代诗歌的创作有很多条线路。从洛阳到长安之间有京师的线路。再往西，有西域的唐代诗歌的线路，还有蜀道。如果唐诗之路前面没有加定语“浙东”的话，就无法确定地理范围，涵盖的地方太多了，诗人漫游到各地，都会创作一些流传至今的诗歌。从区域来讲，浙东唐诗之路的起点，应该在萧山西兴，或者在萧山义桥。向东到柯桥、越城，再到上虞、嵊州、新昌、天台，一直到仙居。从内容上来讲，浙东唐诗之路和诗歌有关联，唐代诗人创作了大量流传至今的诗歌，《全唐诗》2000多位诗人中，有400多位到过浙东。浙东唐诗之路和这些传世诗歌的创作，有密切关联。

绍兴文理学院人文学院教授俞志慧认为，诗人们往往从钱塘江上岸，然后走到东鉴湖、柯桥，再从运河进入越城区，然后从越城区起分两条支路。一条是往南进入若耶溪，从若耶溪再往南，就到了当时非常有名的云门寺，《兰亭集序》就是从这里到唐太宗手上的。从云门寺转道陆路，进入日铸岭，据说这里是勾践铸武器的地方；从日铸岭翻山到现在的王化，从王化再到小舜江，由小舜江转水路进入汤浦，然后再走曹娥江、走剡溪，这是一条线。还有一条，仍从绍兴现在的越城区出发，进入东鉴湖，然后再往南，回到曹娥江、剡溪。嵊州的三界，是谢灵运出生的地方，当时有一个始宁别墅，说是别墅，其实它的规模非常大，有400多亩。再往南就进入新昌地界。到了剡溪以后，“脚著谢公屐，身登青云梯”。经过天姥山，就到了天台与新昌交界的地方。

天台山是浙东唐诗之路的一个重要景点。东晋孙绰曾作《天台山赋》云：“天台山者，盖山岳之神秀者也。”“夫其峻极之状，嘉祥之美，穷山海之瑰富，尽人神之壮丽矣。”这里究竟有什么样的秀丽景色，让诗人们前赴后继、心向往之呢？

台州学院天台山文化研究院执行院长胡正武认为，天台山除了石梁以外，上面的华顶处有王羲之墨池，有智者大师的拜经台。从石梁到华顶，下面有桐柏宫，这是浙东最有名的一个道观。山中还有国清寺、塔头寺、赤城，尤其还有被誉为天台山上第一景的石梁飞瀑，那是诗人必到之处。另外，在天台山的西边，还有寒山隐居之处。当年，六月的时候，上面都有积雪，所以叫寒山。这个地方适合隐居。下来之后，唐朝诗人一般泛舟而行。沿着始丰溪下到灵江，到台州府，到台州州城临海，到州城以后沿水路继续南行。

巍巍大唐近三百年间，浙东迎来了形形色色的大唐才子。诗是文学中的文学。山水田园，春夏秋冬，皆可为诗。诗，是诗人对山川的歌咏，更是诗人对心中块垒的表达。山明水秀的浙东，常得诗人痴痴地仰望，留下了绚丽华彩的诗歌。

绍兴文理学院人文学院教授俞志慧认为，谢灵运创作的山水诗主要是在会稽和永嘉。他的山水诗是中国山水诗的源头，也是高峰，影响了中国后来的山水诗，乃至山水画。甚至可以这么说，谢灵运的山水诗，规定了中国山水诗、山水画的风格。我们中国的山水画，是小桥流水，白云缭绕，白鹭上青天，桃花十里，不是黄沙大漠，也不是长河落日，而是秀丽的江南山水。

台州学院天台山文化研究院执行院长胡正武认为，唐朝的这些诗人，有好多是慕晋宋之风而来的。在这些诗人里面，李白是避不开的，他是一个标志性人物。李白的一举一动，成为后来很多士人模仿、学习的榜样。他的一个铁杆粉丝叫魏万，从嵩宋，也就是河南今天的登封、商丘一带出发，行路三千里，一直追到浙东，最后冒着大雪，登上了天台山。魏万的这种精神，不仅是不怕路远，不怕天气严寒，要追踪李白，还“乘兴游台越”，把台州、越州，包括永嘉、处州、婺州都游玩了一圈，再渡过钱塘江，回到了金陵。可以想见，跟魏万有同样情怀的诗人应该有一大批，只不过没有像魏万这样的“追星族”。

中国计量大学人文学院教授邱高兴认为，如果从后世唐诗之路形成的影响来讲，李白、杜甫这些伟大的诗人，包括他们的追随者，对唐诗之路的形成，毫无疑问起着比较重大的推动作用。如果我们再把视野放大，唐诗之路就不仅仅局限在一个特定时间段里，它是一个累积的过程，是众多诗人、思想家、文学家不断耕耘而成的。仅仅李白和杜甫来过，恐怕唐诗之路也无法形成，正是因为有大批的诗人，有那么多首诗歌，描述过、颂扬过、称赞过这个地方，才有浙东唐诗之路的形成。

西兴老街：浙东唐诗之路的起点

导读："商胡离别下扬州，忆上西陵故驿楼。"这里是浙东唐诗之路的起点。2000多年前，西施为什么会来到这里？这里又曾经历过怎样的繁华兴衰？哪些唐代诗人曾在这里留下了壮丽诗篇？

西兴老街：浙东唐诗之路的起点

吴越争霸西陵渡 西施梳妆古庄亭

"烟波尽处一点白，应是西陵古驿台。知在台边望不见，暮潮空送渡船回。"（《答微之泊西陵驿见寄》）诗中的西陵，即现在的萧山西兴古镇。它坐落于杭州钱塘江南岸，南接白马湖，历史上曾是两浙门户，交通发达，地势险要，自古为"浙东首地，宁、绍、台之襟喉"。

西兴老街

西兴古代的名称叫固陵，处在越头吴尾，越国和吴国交界的地方。在约2500年前，越国在这里设置驿站固陵驿。越国和吴国交战，越国为了抗击吴国，在西兴老街附近的白马湖、湘湖训练水陆两军。

后来，越国战败，选取了美女进吴宫。相传四大美人之一的西施曾经在西兴的一个亭子里梳妆打扮。这个亭子名叫庄亭，上面有一副对联："若论破吴功第一，黄金只合铸西施。"

上船下船西陵渡　前纤后纤官道路

2000多年后的今天，走进古镇，西施的踪迹已再难寻觅，首先映入眼帘的，只有这条静静流淌的官河。这里是浙东运河的起点，西晋，会稽内史贺循组织开挖萧绍运河，从萧山县城通往绍兴西郭门，不久又向西北延伸到西兴，东端直通曹娥江，成为著名的浙东运河。浙东运河从西兴至绍兴，经过宁波流入东海，全长200多千米。沿途景点很多，山水优美，很多唐朝诗人将这些风光用诗歌表现出来。京杭大运河开通后，唐朝诗人大批南下。到了宋朝，杭州成为南宋首都之后，浙东运河又起到了非常重要的作用，可以说是与海上丝绸之路的连接河。从杭州到宁波入海口，然后走向东北亚，比如朝鲜、韩国、日本，再往东南亚，如泰国、越南，都经过了这条运河。

由于浙东运河水位低，钱塘江水位高，浙东运河与钱塘江之间无法直接通航。作为运河的起点，人们只能在钱塘江的入口西兴镇停船靠岸。"上船下船西陵渡，前纤后纤官道路"（《西兴夜航船》），南北客商、东西货物在西兴中转，西兴呈现出一番热闹非凡的景象。

"过塘行"是西兴商业全盛时期的标志。据《西兴镇志》记载，自清末至民国时期，西兴共有过塘行72爿半，商贩云集，坊肆栉比，挑夫、船夫、轿夫、牛车夫等从业人员多达千人，成为名震江南的货物集散中心。西兴的老房子，不少在低下沿河处都有一个小门，当年货船过来后，就停靠在小门口，在这里转运货物。当地的老一辈回忆，原来西兴有"小香港"之称，船来船往，商业气氛很浓。当地居民早上出门，用一根扁担、一根绳子在这里卸货，一天的生活就不用发愁了。

西兴灯笼甲天下 南宋宫廷御用灯

西兴保留了丰富的非物质文化遗产。其中，西兴灯笼在南宋时已经名闻天下，是当时的宫廷用灯。

别看这小小一盏纸灯笼，可不简单。从选竹、披竹、编织灯壳、糊纸、绘图，到上漆、涂油，需要近20道工序。在古代，西兴灯笼不单单是行人照明的工具。旅馆、饭店高悬灯笼，用作招徕顾客的信号；夜行船船头上挂一盏灯笼，以引起别人注意，避免交通事故。时至今日，西兴灯笼的作用日渐衰微，但作为一种非物质文化遗产，灯笼仍承载着独特的文化意义。

商胡离别下扬州 忆上西陵故驿楼

作为交通要冲的西兴，历史上曾吸引无数文人墨客在这里驻足。他们或凭栏怀古，或泛舟畅游，或夜宿西兴。据不完全统计，关于西陵、固陵、樟亭、西陵驿、白马湖、城山等西兴地域地名的诗篇，就有400首之多，其中不乏李白、杜甫、白居易、苏东坡等历代名家的壮丽诗篇。

李白的诗歌《送友人寻越中山水》是一首五言排律，诗云："闻道稽山去，偏宜谢客才。千岩泉洒落，万壑树萦回。东海横秦望，西陵绕越台。湖清霜镜晓，涛白雪山来。八月枚乘笔，三吴张翰杯。此中多逸兴，早晚向天台。"这首诗中就提到了西兴。其中"西陵绕越台"的越台，就是春秋时越王勾践为抗击吴国招贤纳士时所筑。

诗圣杜甫也到过西陵。《解闷十二首（其二）》云："商胡离别下扬州，忆上西陵故驿楼。为问淮南米贵贱，老夫乘兴欲东游。"这是当时一个胡人来到中原地带经商，随后来到浙东地区，杜甫为他写的一首诗。诗是言志的，此诗即表达了杜甫关心民生、关心国家和人民的胸怀。

白居易也到过西兴。长庆二年（822）7月，白居易任杭州刺史，他来到西兴后，写下一首《宿樟亭驿》："夜半樟亭驿，愁人起望乡。月明何所见，潮水白茫茫。”当时，如果要回到中原，需要从西兴渡过钱塘江，但是过钱塘江，要等潮平之后。这首诗表达了诗人的思乡之情。

近年来，考虑到周边的交通便利，西兴有关部门把原来只有1米多宽的官河路拓宽了，并于2013年中国大运河申遗时，拆除了原来占用河道的违章建筑，加以整修。将这些美丽诗篇中的意境重新呈现出来，全面提升老街的文化价值，需要更多人参与其中、出谋划策。但愿西兴这颗古镇明珠，在洗尽铅华后，依然熠熠生辉，再现昔日繁华。

悠悠若耶溪

导读：万山苍翠色，两溪清浅流。“朝南风，暮北风”，若耶溪怎么会有如此奇怪的现象？王阳明在此隐居，欧冶子在此铸剑，这里曾上演了什么传奇？“人闲桂花落，夜静春山空。”诗佛王维的《鸟鸣涧》中，有哪些玄机？

悠悠若耶溪

“轻舟去何疾，已到云林境。起坐鱼鸟间，动摇山水影。岩中响自答，溪里言弥静。事事令人幽，停桡向余景。”崔颢这首《入若耶溪》描述了诗人泛游若耶溪的场景。南朝诗人王籍的《入若耶溪》称赞这里：“蝉噪林逾静，鸟鸣山更幽。”“若耶”两个字，现在很难讲得清到底是什么意思，可能是当时的越人土语、方言，是一种语气词。若耶溪有36条支流，支流上有无数细流，汇集到一起，形成一条若耶溪，然后向北流到鉴湖，集雨面积136.7平方千米。神秘而古老的若耶溪，在绍兴人心中，地位堪比鉴湖。

千年云门寺 神奇若耶溪

位于若耶溪中游的平水江水库，处于会稽山腹地，是绍兴市区境内的第二大水库。水库库面宽阔，山盘水绕，山水相连，湖内小岛错落有致，尽显若耶溪湖光山色。顺着水库尾巴向上走，是若耶溪的源头。20世纪50年代兴修水利时，平水江水库筑成，此后一直灌溉着平水镇下的万顷农田。

在绍兴平水镇平江村，矗立着一座云门寺。云门寺原是东晋大书法家、中书令王献之的故宅，这里至今还留有当年王献之练字时的洗砚池。王献之离开会稽以后，舍宅为寺。鼎盛时期，云门寺规模颇大，是远近闻名的越中名刹，后几经兴废，在抗日战争时期，大部分被侵华日军烧毁了。

云门寺是浙东唐诗之路最重要的节点之一，白居易、李白、韦应物、刘长卿、宋之问、王勃等诗人，在云门寺留下了几百首唐诗。

“朝南风，暮北风”的传说

由云门寺往下，若耶溪旁林泉秀美，村落林立。涓涓溪流汇集，河面变得宽阔起来。溪面水气充盈，溪边良田万顷，滋润着这方水土，沿岸更流传着一系列神奇传说。若耶溪旁的宛委山上，有阳明洞天，据说大禹在这里登天梯，获得了治水方法。还有个地方叫铸铺岙，相传是欧冶子铸剑的地方。铸铺岙再往上大概1.5千米，有上灶、中灶、大灶，据说是当年铸剑的灶基所在地。

若耶溪旁还流传着一个很有意思的故事。若耶溪上有一个樵风泾，这里有个很奇怪的自然现象，早上吹南风，晚上吹北风。早上吹南风时，若耶溪山里面的樵夫用船只将柴运出来时，顺风。到城里卖完柴，回去时吹北风，也是顺风。当地人传说，汉代很有名的官宦郑弘年轻时在这里打柴。有一次，他在打柴的路上捡到了一支金箭，他想这支金箭肯定是有人留下的，过了一会果然来了一个很潇洒的人取箭。他就把金箭还给了对方。这个人问他有什么要求，郑弘觉得这是一个比较神奇的人，就说，现在山里人出去卖柴不方便，能不能让若耶溪早上吹南风、晚上吹北风，这样就方便了山民。这个人于是答应了郑弘的要求，果然后来早上吹南风，晚上吹北风。当地人口口相传，管这种风叫“郑公风”。

这个故事只是一个传说。形成这种现象，事实上是因为102年左右，马棱到会稽任太守时，在这里筑了一个回涌湖，坝址在若耶溪流经的大禹陵后面一个叫葛村的地方，于是这里形成了一个狭长的水库。在特定的地理环境当中，气候条件会变化，所以这里早上吹南风、晚上吹北风。但是郑弘在当地口碑很好，所以这个自然现象就被安在他头上了。

王维到过若耶溪吗

富有诗情画意的若耶溪，使历代文人雅士流连忘返。整条若耶溪，流淌的不仅仅是潺潺清水，还有优美的诗篇。特别是唐代，诗人们留下了他们的诗文、足迹，唐代独孤及的“万峰苍翠色，双溪清浅流”，孟浩然的“白首垂钓翁，新妆浣纱女”等诗句，就生动地描绘了若耶溪两岸美丽的风光。

唐玄宗开元十八年（730），孟浩然曾经到过浙江。他对越中山水非常向往，还没渡过钱塘江，就写了一首诗：“潮落江平未有风，扁舟共济与君同。时时引领望天末，何处青山是越中。”到了若耶溪，又写了一首《耶溪泛舟》：“白首垂钓翁，新妆浣纱女。相看似相识，脉脉不得语。”诗从若耶溪美景写起，非常清新。

李白也写过《采莲曲》：“若耶溪傍采莲女，笑隔荷花共人语。日照新妆水底明，风飘香袂空中举。”若耶溪上的采莲女，一边采，一边隔着荷花跟人家说话。脸上新化的妆，被清澈的若耶溪水一照，显得很明媚。水上是写少女，岸上是写少年郎：“岸上谁家游冶郎，三三五五映垂杨。紫骝嘶入落花去，见此踟蹰空断肠。”写少女很可爱，很清新，很娇媚；写到少年郎，他就体会到了愁绪。

跟李白差不多时期的一个诗人綦毋潜有一首诗，叫《春泛若耶溪》：“幽意无断绝，此去随所偶。晚风吹行舟，花路入溪口。际夜转西壑，隔山望南斗。潭烟飞溶溶，林月低向后。生事且弥漫，愿为持竿叟。”春天的傍晚，诗人驾着扁舟，入若耶溪，去寻幽探胜，隔着南山看到了南斗。水潭散出的水汽弥漫在整个天空，月亮慢慢低到树林后面去了。诗人想要做一个渔樵之人，想要在滚滚红尘当中找一个闲适的、能够让自己心灵得到净化的地方。若耶溪的景色让他产生了这样的感慨。

“人闲桂花落，夜静春山空。月出惊山鸟，时鸣春涧中。”王维的这首《鸟鸣涧》，是一首千古传诵的名篇，但风景优美的鸟鸣涧到底在哪里呢？这首诗有争议，许多人觉得这首诗是作于长安的。但是作于长安这个观点，有几个地方立不住脚。像这样的景色，一般情况下只有江南才有，长安是没有的，王维到过江南，在台州留下许多遗迹。最重要的一点，桂花树只有在江南一带才能顺利生长，在长安是不可能生长的。竺岳兵先生、娄国忠先生都考证出，王维到过若耶溪，诗里写的这个景色，就是若耶溪的景色。

若耶溪，这条至今仍沿用古越语地名的溪河，就像她的名字一样，古老而神秘。“地必寻天目，溪仍住若耶。”这是唐朝诗人贾岛对若耶溪的向往。这里蕴含着古越悠远的历史，吸聚着江南山水的灵气，文人墨客用诗词歌咏了若耶这条江南名溪。

桃源风月斑竹驿

导读："千树桃花万年药，不知何事忆人间。"新昌县境内的迎仙桥，因为什么而得名？"悄然坐我天姥下，耳边已似闻清猿。"到了斑竹古村，唐代道士司马承祯又为何后悔？为什么李白、杜甫等诗人，会在这里题诗？

桃源风月斑竹驿

"来往天台天姥间，欲求真诀驻衰颜。星河半落岩前寺，云雾初开岭上关。丹壑树多风浩浩，碧溪苔浅水潺潺。可知刘阮逢人处，行尽深山又是山。"这是唐代诗人许浑对天姥山风光的描述，浙东唐诗之路上的新昌，山峰连绵起伏，流传着仙人传说。

千树桃花万年药 不知何事忆人间

迎仙桥，位于桃源村口，是一座单孔悬链线型石拱桥，东西走向，造型古朴。桥虽然不宽，却是浙闽古干道上的一座名桥。据刘义庆《幽明录》记载，东汉永平五年（62），有两个剡县人，一个叫刘晨，一个叫阮肇，从这一带进入天姥山。天姥山脉，满山苍翠，白云缭绕，清幽雅致，人迹罕至。两个人在山中迷路了，遇到了两位绝色美女，和他们两人在山里成亲，开启了一段只羡鸳鸯不羡仙的爱情故事。然而，"锦城虽云乐，不如早还家"。过了一段时间后，思乡心切的刘、阮二人返回家乡时，却发现已经过了300多年。

桃源风月的异同

迎仙桥下，一条清澈明快的溪流，蜿蜒曲折，给幽深静谧的桃源村增添了灵动活跃的水声。传说，当年刘晨、阮肇回来后，心有悔意，想再次进山，可是来到桥边，却再也找不到进山的路，于是在溪边惆怅莫名，左右为难，留下了惆怅溪这个令人遐想的名字。千百年来，刘、阮遇仙的故事，一直在民间流传，更是吸引了无数唐代诗人来此寻仙。

诗人们到天台山这一带采仙草，更希望能遇到仙人。后来唐宪宗更是派了一个叫作柳泌的道士，到台州做刺史，什么事情都不干，就专门把天台山翻个遍，采仙草，炼仙丹。这帮文人士大夫都很纳闷，刘郎、阮郎为什么放着好好的神仙不做，要下山还乡。元稹这样说："千树桃花万年药，不知何事忆人间。"意思是如果换成他，他肯定不会回来。才子刘长卿也说："独向青溪依树下，空留白日在人间。"晚唐的曹唐说："洞里有天春寂寂，人间无路月茫茫。"后来的诗歌、小说、戏曲，也在不断地讲述着这个故事。

其实，进山采药时遇仙缘，这样的神话传说在幅员辽阔的中国大地上多有流传，体现了人们对寻仙访道、长生不老的向往。与其他故事相比，刘、阮遇仙的故事，既有同类故事的共性，又有不同。比如，浙西地区也有一个类似的故事，即江山烂柯山的传说。烂柯山的故事中，仙人是在下棋，新昌的刘、阮传说当中也有棋盘石，都有棋盘石，两者都有"山中才一日，世上已千年"的感慨。第一个不同点是，烂柯山烂的是斧头的柄，因为主人公是去砍柴的，而刘、阮故事当中烂的是锄柄，因为他们是去采药的。第二个不同点是，烂柯山的故事中没有仙女，而天姥山的故事中则既是仙遇又是艳遇。

谢公伐山开道　诗人夜宿斑竹

刘晨、阮肇遇仙的故事，出现于魏晋之时。当时，这里"惆怅晋朝人不到"，山路崎岖，人迹罕至。仕途命运多舛的谢灵运寄情山水，江南特别是剡东一带的自然山水深深地吸引着他。谢灵运伐山开道，打通了浙江中部和南部的陆路交通线。在新昌斑竹村，仍然留有一段长约千米的古驿道，路面用卵石铺就，形状不一，保存较为完整。

古驿道开通后，新昌设有9个铺舍，其中，斑竹村位于枢纽中心。它在嵊州到天台的中间地带，古时候无论是走水路还是走陆路，从嵊州到斑竹都要一整天，从斑竹走古驿道到天台，也要一整天。所以行旅之人、赶考之人、上任之人、经商之人都要在这里过一宿。这里曾经旅馆、酒店、商铺林立，是往来客商的必经之地，异常热闹。

唐朝，文人士大夫顺着谢灵运的足迹，来到了这条路上，比如李太白吟咏着“渌水荡漾清猿啼”，“脚著谢公屐，身登青云梯”，到了会墅岭。差不多同时，杜甫也说：“悄然坐我天姥下，耳边已似闻清猿。”当时的植被非常好，我们可以想象一下，唐朝的李白、杜甫、孟浩然、司马承祯一路走来时的情景。

唐代之后，斑竹仍然商旅云集。明代著名旅游家徐霞客、清代诗人袁枚、现代文学家郁达夫等文人名士，或在斑竹驻足，或在斑竹夜宿，并留下了生动的记载。1632年，徐霞客在这边住了一宿，在《徐霞客游记》当中提到过。绍兴的王思任也在这里住了一晚，还特别有感慨。他看到斑竹村里面有个酒家，酒家的女店主在招待客人。王思任感觉“艳甚，桃花流水，胡麻正香，不意老山之中，有此嫩妇”。王思任在明朝灭亡了以后，和戏曲家祁彪佳、哲学家刘宗周、状元余煌等为国殉节，没想到在这里，居然是这样一种性情。100多年以后，清朝乾隆年间，著名诗人袁枚也到过斑竹，他说，这里有很多漂亮的女孩簪山花，坐在溪流的石头上面，楚楚可人。袁枚因此有一种“乐不思杭”的感觉。

司马出山应后悔　云暗为何失东西

斑竹村口，有一座单孔半圆形石拱桥，桥面铺鹅卵石，叫作司马悔桥，传说因唐代的高道司马承祯而得名。“山高水长，物象千万，非有老笔，清壮可穷。”李白的传世名书《上阳台帖》，就表达了对司马承祯的仰慕之情。

司马承祯是道家上清派第十二代传人，又是唐睿宗的师傅，唐睿宗看他道德学问很高，所以把他从天台山请出来。司马承祯从天台山一路行来，到了这座桥边，心里想自由的日子可能不会再有了，于是心生悔意，也就有了司马悔桥、司马悔山、司马悔庙的名称。

在唐朝，做一个道士非常不易。像李白这么有天赋，努力到40岁，才成功成为一名道士。无论是个人修为，还是文献功夫、道家学理，都要有相当的积累，才能够成

司马悔桥

为道士。而且唐朝还有一个道士退出制度。也就是说，总量要控制，即有一名道士年高走了，才可以接收一名道士。所以，要了解天姥山文化，就要从历史角度来看。

曾经，唐朝诗人李敬方有一首诗赞美司马悔桥附近的美景："天姥三重岭，危途绕峻溪。水喧无昼夜，云暗失东西。问路音难辨，通樵迹易迷。依稀日将午，何处一声鸡？"最后一句，让人想起李白的"空中闻天鸡"。为什么是空中，因为正像前面讲的三重岭，从司马悔山登会墅岭，山路突然陡峭了。"水喧无昼夜，云暗失东西"，是说山上的溪流白天黑夜都在流动，因为海拔忽然高起来，所以整个山谷中云遮雾掩，不辨东西。

岁月流转，时光荏苒。如今的斑竹村，正在依托地理优势和浙东唐诗之路上的独特文化内涵，大力发展旅游业。今时今日，一桥一景，一村一落，都遗落着唐诗风韵，勾连着繁华与沧桑，诉说着那段关于仙道的故事。

沃洲风光秀如眉

导读：东南山水越为首，沃洲风光秀如眉。沃洲，为什么会被誉为“东南眉目”？东晋名僧支道林，为什么在这里买山而隐？“月在沃洲山上，人归剡县溪边”，唐代诗人们又是如何游历沃洲的？

沃洲风光秀如眉

沃洲

白居易的一篇《沃洲山禅院记》将沃洲山与天姥山并列比喻为“东南眉目”。沃洲，静静地屹立于剡溪之源。从新昌江南下，经过长诏，到达天台，是浙东唐诗之路新昌段的又一条水路，其中沃洲是重要节点。1979年，长诏水库建成，这里形成了沃洲湖，湖水面积达到8.18平方千米，青山倒映在镜子般的湖面上，风景如画。

沃洲山

东南山水越为首 剡为面 沃洲、天姥为眉目

沃洲山位于天姥山西面，四明山南面，天台山北面，从新昌江往上游走，现在已经变成了沃洲湖水库，水库东面是天姥山，西面是沃洲山。唐代朱放的“月在沃洲山上，人归剡县溪边”“漠漠黄花覆水，时时白鹭惊船”特别有画面感，现在这一带已经变成水库，黄花覆水不太看得到，但是白鹭惊船时时可见。

1949年以前，这边有一个禅院，叫作真觉寺。在真觉寺遗址，立着一座石碑，上面的《沃洲山禅院记》无声地述说着沃洲的历史。

白居易写这篇《沃洲山禅院记》时并不在这里，文章里的考据存在些问题，比如里面提到卫玠是十八学士之一，但实际上卫玠在西晋灭亡时，就已经去世5年了，游踪不可能到达这一带。但是大体上文章当中介绍的十八高僧、十八学士，还是可信的。

在沃洲湖畔，有一座真君殿。真君殿原名石真人庙，殿内雕梁画栋，亭台楼阁，有大小殿阁近百间，雄伟壮丽。每逢庙会，这里多有民间艺术家表演，热闹非凡。主殿供奉着一位赤面金身的真君石像，这位真君的来头非比寻常。清初以后，这边的真君殿，供的神灵不再是石老将军，而是抗金名将宗泽，义乌人，据说是岳飞的老师。其实这一带的真君殿，都供有一个共同的神灵，就是宗泽。这可能与浙东地区的抗清有关。

支遁初求道 深公笑买山

“支遁初求道，深公笑买山。何如石岩趣，自入户庭间。”（孟浩然《宿立公房》）沃洲的开发离不开东晋南朝的高僧、名士们。其中一个很重要的人物是帛道猷。在南朝梁慧皎的《高僧传》中，说他是山阴人，山阴即现在绍兴一带。但是在白居易、日本人成寻的作品当中，则记载说他是西天竺僧人。帛道猷还在这边留下一首诗：“连峰数十里，修竹带平津。茅茨隐不见，鸡鸣知有人。”大家认为，“连峰数十里，修竹带平津”，写的就是从沃洲一直往南，到天台的这一带的地貌。“茅茨隐不见，鸡鸣知有人”，让人们想起陶渊明《归园田居》中的“榆柳荫

后檐，桃李罗堂前”，非常亲切。

随后，竺道潜也来此隐居，高僧支遁被竺道潜吸引，派人从南京过来问：“我想在你这边买座山，弄个小筑隐居起来，怎么样？”竺道潜嫌皇帝身边的这个大和尚俗气，说沃洲山你想来就来，也没听到过上古的那些隐士们买山而隐的。虽然被奚落了，但是沃洲山的吸引力确实不错。买山而隐的故事也因此在《世说新语》当中留了下来，成为这一带很有文化辐射力的典故。沃洲湖水库水浅的时候，还能看到支遁的放鹤峰、养马坡。沃洲山从此也增添了传道的高僧，敲响了佛寺的晨钟暮鼓，笼罩着一层浓浓的宗教色彩。

云连山势千层画　帘卷泉声一片秋

在沃洲山脉，有一座岇山，其形如鳌，俗称鳌峰。峰下有一水帘洞，传说东晋国师竺道潜曾在这里筑庐而居。水帘洞地处幽谷，别有洞天。古代，泉水从洞顶而下，长年不断，但如今由于变迁，仅有一帘不大的水流从山顶倾斜而下。当时的胜景只能从“洞飞湫瀑一帘雨，窍滴天浆六月冰”这样的诗句中去追忆了。

唐朝刘长卿、卢象、耿湋等诗人都在这一带留下了文字。中唐诗人耿湋在这里写过一首诗《登沃州山》：“沃州初望海，携手尽时髦。小暑开鹏翼，新蓂长鹭涛。月如芳草远，身比夕阳高。羊祜伤风景，谁云异我曹。”要望海的话，肯定要登上这一带最高的山，东岇山又有一个名称——望远尖，所以耿湋的这首《登沃州山》，也就是登望远尖。到了晚唐，有一个叫罗邺的诗人，写了一首《题水帘洞》，里面有一句是“一片长垂今与古，半山遥听水兼风”。这个水帘到现在还在长垂着。南宋时，朱熹也来到这边，写了一首叫作《水帘洞》的诗。他说：“一片水帘遮洞口，何人卷得上帘钩？”之后，这个地方基本上是出家人所待的地方，1983年还能看到一些已经断裂的残碑。

唐代是沃洲盛极而衰的时期。在漫游山林之风盛行的唐代，不少诗人向往沃洲形胜、具有魏晋遗风，纷纷云集沃洲作诗酬唱。李、杜、孟、刘等一流诗人，都留下了沃洲游踪。李白有“五松多清幽，胜境美沃洲”的比拟。杜甫《壮游》中，记载了泛舟过沃洲的情景：“剡溪蕴秀异，欲罢不能忘。归帆拂天姥，中岁贡旧乡。”诗人们放浪形骸，吟诗诵文，为这方土地增添了人文的光辉。风景变换，人事已非，随着水库的建成，许多晋唐时期的名胜古迹已淹没在水面下。白居易笔下的沃洲山禅院也只剩下一座石碑，供后人凭吊。但广阔的沃洲湖面，映照着四周青山、几处绿洲，使得这里山水一色，风光无限。人因山而来，山因人而名。白居易在《沃洲山禅院记》中说：“夫有非常之境，然后有非常之人栖焉。”作为唐诗之路的重要节点，沃洲的高山、湖泊仍然以其清幽秀丽与所承载的文化内涵，向人们展示着她的万种风情。

鳌峰水帘洞

剡县风骨村落情

导读：迎仙桥与奶婆桥，一座桥为什么会有两个名字？“两火一刀可以逃”，为什么新昌县古代会流传这样一句谚语？独特的地理位置，造就了怎样的移民文化？隐居在此的唐代文人，又留下了哪些诗篇？

剡县风骨村落情

“无邻无里不成村，水曲云重掩石门。何用深求避秦客，吾家便是武陵源。”唐代诗人吴融，曾隐居新昌，留下了这首诗歌，也折射出这里独特的村落与移民文化。

知君住处足风烟 忠义诗书传万家

灵山秀水涵养着民风淳朴的乡民。这里村落相望，鸡犬相闻，乡民守望相助，和睦相处，一代代家族在这里繁衍生息。在新昌桃源村，有一座刘晨、阮肇遇仙的迎仙桥，它还有一个名字——奶婆桥。据说是一个女子，把给人家孩子喂奶赚的钱节省积攒下来，修了一座桥，后人为了纪念她，同时把这座迎仙桥叫作奶婆桥。一座古桥，两个名字，一仙一俗，所承载的内涵完全不同。迎仙桥所承载的，是寻仙访道，仙遇奇缘；而奶婆桥所代表的，则是扶危济困，乐善好施。

在这条古驿道上，这样扶危济困、乐善好施的故事非常多。如果说奶婆桥是一个传说，古驿道上有一个枫树岭，里面有一座普济桥，修建于明朝嘉靖年间。左溪的一个读书人进京赶考，遇到大雨，衣服、行李湿了，在这边耽搁了一阵子，得到了当地人的救助。这位读书人知恩图报，临行时告诉乡民，如果有朝一日有了功名，就要在这里修一座桥，方便来往的过客。正是因为他这一念之善，他有了功名，兑现了这个承诺，到现在这座普济桥还在。

迎仙桥所在的位置，叫作赤土村。为什么叫赤土呢？这里有一个传说，说南宋末年，当地一个村民为了保护赵宋王朝后人，被元军抓住了，元军正要把他杀害的时候，村民的儿子奋不顾身地救出父亲，但是他自己却被元军杀死了，血洒下来，山为之赤。

何用深求避秦客 吾家便是武陵源

古驿道上星星点点的村落，更是流亡者安顿的所在，成为许多人寻根访祖的目的地。新昌在古代属于剡县。汉景帝四年（前153），置剡县，属会稽郡，一些流亡者因时局艰难，躲避战乱而隐居于此。到了五代梁开平二年（908），现在的新昌、嵊州合在一起叫剡县。东汉年间，就有“两火一刀可以逃”这个说法。也就是说，现在新昌、嵊州老百姓的祖先，大多数是从外面迁进来的，或者由于自然灾害，或者由于战争等。比如在迎仙桥一带，很多居民都姓吴，他们有一个共同的祖先，叫作吴融，绍兴人。晚唐的时候，这边还是人烟稀少的。

“不傲南窗且采樵，干松每带湿云烧。庖厨却得长兼味，三秀芝根五术苗。”这个地方海拔比较高，常年云遮雾掩。新昌当地学者认为，吴融这首诗写的就是他所处的这个地方。他的长子定居在这边以后，落地生根，开枝散叶，吴姓成为这一带的大姓。

千年横板桥 诗路一明珠

在横板桥村村口，“天姥梦游”的标志格外醒目，一条小溪穿过村庄，静静流淌。这里是浙东唐诗之路的重要节点。横板桥村所在的儒岙镇，是天姥潘氏聚族而居之地，不过，儒岙镇在很长一段时间内，被称为徐岙。宋朝时，两个皇室成员逃亡到这里，在关岭天台有一个县尉徐常惠，带领当地的士兵和老百姓一起阻击元军，助他们顺利脱险。元军迁怒于当地的士民，说要杀尽新昌、天台的徐姓人士。新昌姓徐的人就往东山、石磁那边跑，天台的则把自己的徐姓改成了许姓。后来又为什么改成了儒岙呢？因为徐和儒在原来的方言中读音是一样的，于是就把这个名不副实的徐岙改成了儒岙。

横板桥上板桥横。在横板桥村村口，还有一座裘君庙。相传，唐代僖宗咸通年间，浙东有一场农民暴动，领头的就是裘甫，极盛时追随者达到3万人，占领了现在象山、宁海、新昌、嵊州、天台等大片土地，国号为“罗平”。裘甫曾经因战乱避难于横板桥村，其夫人来到此村，因为没有桥而被困于江边，巧遇一位神仙婆婆，将自己变成了一座木板桥，也就有了如今的横板桥村。

在《新唐书》《旧唐书》《资治通鉴》《通鉴纪事本末》中，裘甫都是一个反面人物，但是在儒岙民间，却敬称他为君或府君，还为他立庙。从民间的叙事看来，我们看到的是跟正史不一样的一面，是官逼民反，是苛捐杂税。每年祭祀裘甫的时候，金华、嵊州、天台等地方姓裘的人士跑到这边来，显示了一种底层的民意。晚唐杜荀鹤有两句诗：“任是深山更深处，也应无计避征徭。”所以裘君庙、裘府君庙也是一面镜子，警示世人。

凭天姥秀色，地界台剡，览赤城名山，关扼虎狼。独特的地理位置造就了这里特殊的移民文化。这样好的自然条件，这样好的民风，又是山高皇帝远，也许就是那些流亡者选择到这边的原因。走在横板桥村，古树葱郁，流水潺潺，向人们诉说着这里曾经的沧桑。像横板桥村一样，散落在新昌乡间的古村落，正以乡村振兴和诗画浙江为着力点，着力建设唐诗文化驿站，构建一幅幅悠远的山水田园画卷，千姿百态，锦绣而灿烂。

千金不须买画图

——唐代诗人咏鉴湖

导读:鉴湖,为何被称为绍兴的母亲湖?千古名曲《梅花三弄》,和鉴湖有什么关联?唐代四大女诗人之一的刘采春和元稹上演了什么传奇?

千金不须买画图
唐代诗人咏鉴湖

鉴湖

“离别家乡岁月多,近来人事半消磨。惟有门前镜湖水,春风不改旧时波。”[《回乡偶书(其二)》]诗中所说的镜湖,就是现在的鉴湖。绍兴古称会稽,它的自然美景可以用“稽山鉴水”来概括。原始的鉴湖,烟波浩渺,风光如画,水域面积相当于今天30多个西湖。可以说,鉴湖是绍兴的母亲湖;没有鉴湖,就没有现在的绍兴。

门前镜湖水 不改旧时波

鉴湖在历史上很有名气，有很多名字，如镜湖、南湖、长湖、大湖、贺监湖等，它位于现在的柯桥区、上虞区、越城区。秦统一六国以后，绍兴属扬州下的会稽郡；东晋以后，大量北方大族迁到江南，带来了文化、技术、眼界。晋元帝司马睿在定都建康的时候，就感叹“今之会稽，昔之关中”。

在历史上，鉴湖起了重要作用。鉴湖第一次出现在文献当中，是南朝宋的一部文献《会稽记》。汉顺帝永和五年（140），会稽太守马臻筑鉴湖，在会稽、山阴两县界。鉴湖建成后，绍兴北部的平原成为真正的鱼米之乡，酿制绍兴黄酒的原料水也取自鉴湖。

六朝以上人 不闻西湖好

从魏晋到唐宋，绍兴多有典故流传。“六朝以上人，不闻西湖好。”（《山阴道》）鉴湖落成以后，秀丽风景吸引历代文人赏景探幽，吟诗弄赋。王子猷山阴道行，蔡中郎柯亭制笛，鉴湖边留下了许多名胜古迹、传奇故事。文人结社、作诗，要么在鉴湖的岸边，要么在鉴湖的岛上，要么在鉴湖的船上。公安派袁宏道评价鉴湖：“钱塘艳若花，山阴芊如草。六朝以上人，不闻西湖好。平生王献之，酷爱山阴道。彼此俱清奇，输他得名早。”钱塘跟山阴相比，都有很好的景色，但是成名是鉴湖早。

古代，鉴湖周边还是佛教文化核心区域之一，寺庙林立。“南朝四百八十寺，多少楼台烟雨中。”（《江南春》）这个小小的地方，有十六七座寺庙。柯岩石雕大佛，据说是江南第一的坐佛。这尊大佛是弥勒佛，在南朝到隋唐，这里是弥勒信仰中心。

柯山里面有柯亭，原来叫高迁亭。东汉中朗将蔡邕受迫害，流落江南十余年，多次路过高迁亭。在晚上能听到高迁亭边的竹子发出清亮的声音，蔡邕就把声音特别清亮的那根取了下来，制成笛子。此笛后来被称为“柯亭笛”或“中郎笛”。100多年以后，这支笛子传到东晋大司马桓伊手中，桓伊用这支笛子吹出了中国最著名的一支笛子曲《梅花三弄》。

新妆荡新波 光景两奇绝

在烟雨朦胧的鉴湖上，乘坐一叶扁舟，泛舟而行，舟行画图，一步一景。遥想盛唐诗人，流连徜徉于鉴湖的湖光山色之间，赋诗填词，使偏居一隅的古越大地，演进为文风昌盛的衣冠之邦。

说到写鉴湖的诗，必须要提到贺知章。贺知章是永兴人，永兴也就是现在的萧山。晚年，他向唐玄宗求鉴湖一隅作为隐居地。许多人熟悉他的《回乡偶书（其一）》：“少小离家老大回，乡音无改鬓毛衰。儿童相见不相识，笑问客从何处来。”其实他晚年隐居鉴湖时，写过一首《咏柳》：“碧玉妆成一树高，万条垂下绿丝绦。不知细叶谁裁出，二月春风似剪刀。”春天的时候，柳叶刚绽出来时是鹅黄色的，但一旦长了，它就变成翠绿色了，就好像碧玉一样的。整个树枝就好像用碧玉装点成的，全诗突出了春天的勃勃生机。

大诗人李白也多次到过鉴湖。“镜湖水如月，耶溪女似雪。新妆荡新波，光景两奇绝。”说镜湖的水像月亮一样，耶溪边少女的肌肤白的像雪一样。杜甫也有一句差不多的诗：“越女天下白，镜湖五月凉。”李杜不约而同写了这个白字。为什么唐诗中不少写作“镜湖”呢？因为北宋建立以后，赵匡胤的祖父叫赵敬，古人有避讳的习惯，所以把镜湖改成了鉴湖。

因循未归得 不是忆鲈鱼

在唐代，鉴湖风月还承载着一位女诗人的才情。她就是唐代四大女诗人之一刘采春。刘采春地位极低，是一个伶人，擅长参军戏，这是一种诙谐的戏，相当于现在的小品。她在这种诙谐的、通过语言表达的小戏中，加入了歌唱。《全唐诗》里面收录了她的6首诗，如：“昨日北风寒，牵船浦里安。潮来打缆断，摇橹始知难。”这首《望夫歌》，至今读起来仍朗朗上口，让人仿佛看到了唐朝时江南女子的万千风华。

她还跟当时绍兴的地方官元稹有过交集。在中国诗歌史上，元稹与白居易以“元白”并称。元稹是一个风流才子，是《西厢记》中张生的原型。元稹时任越州刺史兼浙东观察使，与刘采春交往。他写了一句诗，云“因循未归得，不是忆鲈鱼”，意思是我拖拖拉拉没回长安，不是因为鲈鱼。这里的鲈鱼用了一个典故，南北朝时期，有个叫张季鹰的人去中原做官，想起家乡的鲈鱼，然后官也不做就回去了。因此，鲈鱼实际上指代故乡。元稹的同事卢简求就讽刺他，说他是因为喜欢鉴湖春色。这个鉴湖春色就是指刘采春。元稹也为刘采春写过不少诗，如：“言辞雅措风流足，举止低回秀媚多。更有恼人肠断处，选词能唱《望夫歌》。”鉴湖是绍兴的地标，虽然它的大部分在南宋的时候已经湮废了，但是它的重要性，在历史上、文化上、地理上、社会治理上都毋庸置疑。鉴水悠悠，源源不绝。1000多年来，鉴湖把柔媚与刚直糅合在一湖清波中。历史上对绍兴“鱼米之乡”和“历史文化名城”做出过巨大贡献的鉴湖，仍将一如既往地滋养着绍兴这方水土。

山阴道上佳山水 应接不暇游人醉

导读："钱塘艳若花，山阴芊如草。六朝以上人，不闻西湖好。平生王献之，酷爱山阴道。彼此俱清奇，输他得名早。"在中国文化历史上，很多人描写过山阴道。八百里鉴湖，千岩万壑，波光秀色，山水诗意萦绕在这条道上；历史一长卷，诗人们的潇洒才情、细腻情怀也找到了一处寄托的坐标。

山阴道上佳山水
应接不暇游人醉

史书上记载，山阴道在绍兴市区常禧门外，与东跨湖桥相接，是绍兴西南通向诸暨的一条官道。全长10多千米，从桥向南而行，远山近水、小桥凉亭、田园农舍，相映成趣。成语"应接不暇"就诞生在山阴古道上。书圣王羲之曾称颂山阴道："山阴道上行，如在镜中游。"王羲之的儿子王献之，形容山阴道两边的风光为"应接不暇"。东晋两位大书法家的称赞，让这条山阴道在东晋的时候就十分有名。唐代诗人羊士谔在《忆江南旧游二首》中写道："山阴道上桂花初，王谢风流满晋书。"山阴古道上别致的景色，再加上文人们的大笔一挥，让这里更是充满魅力。

可是，最初的时候，绍兴是一片荒芜之地。山阴古道上能够有秀美风景和"莫笑农家腊酒浑，丰年留客足鸡豚"的富饶景象，不得不提一个人——马臻。东汉永和五年（140），马臻带领民众筑堤挖湖，想要改变绍兴荒芜的面貌。建鉴湖是一个相当大的水利工程，水库面积相当于今天的30个西湖。筑湖过程中，会淹没相关的土地、房屋和坟冢等，而其中大部分土地属于豪强大户。豪强大户施展了很多阴谋诡计，企图阻止鉴湖的修筑，但是马臻力排众议，义无反顾。

湖建成以后，改变了绍兴上洪水下咸潮相侵的局面，让绍兴成了鱼米之乡。据相关记载，鉴湖修成之后，整个会稽山北部平原从此免遭洪水之灾，曹娥江以西9000顷土地平畴千里，稻香阵阵。八百里鉴湖也是鱼肥藕白，鱼虾蟹鳖不可胜食。

但是筑湖淹坟在前，湖成后丰饶的美好没有给马臻带来在《汉史》中的好评，至今，马臻之死依旧是一个谜。目前主流的说法是，马臻筑湖淹没了豪门大户的田地、房屋和坟茔，遭到了他们的极力反对和憎恨。他们联手将马臻告上朝廷，马臻也被处以车裂的极刑。而马臻的坟墓之所以会出现在山阴道口，相传是越中百姓为马臻的死愤愤不平，他们冒着生命危险，偷偷将其遗骸运回会稽，葬于郡城偏门外鉴湖之畔。

山阴古道 山重水复

因为鉴湖，山阴古道周围山清水秀、民风淳朴、物资丰饶。当年陆游在《游山西村》中描写的“丰年留客足鸡豚”就是山阴道上百姓日常生活的场景。

如今，山阴古道位于绍兴城西南的永和塔南，正好地处陆游当年“山重水复疑无路，柳暗花明又一村”的地段。站在永和塔上，可以想象当年陆游或划船或走路，在山阴道上游玩的场景，路过亭山，有一座小亭山挡住去路，再往前走一段就是小隐山，真可谓“山重水复”。在山水中走了一段路，不见人家，本以为没有路了，结果过了小亭山，又见到村落，可以说是“柳暗花明”。如今，当年被陆游欣喜发现的“又一村”依然在养育着当地百姓，当然名称不一定叫“山西村”了。

在“山重水复”的山阴古道边，还有一座伯益庙。伯益，相传是颛顼的苗裔。《史记》记载，伯益最突出的功绩就是辅佐大禹治水。因为治水有功，他被舜封为东夷的首领，舜还赐给伯益新的姓氏“嬴”，预言伯益的后嗣中会出现大人物，并将姚姓之王女嫁与他，任命他为虞官，掌管山川林泽、草木野兽，是为百虫将军。后世，秦始皇嬴政统一中国，应了舜帝之预言。

山阴古道连接两座“高峰”

后来有了炊烟与菱歌，有了竞渡与社戏，有了归舟与渔翁，有了黄酒与乌篷。“菱歌袅袅遥相答，烟树昏昏淡欲无。”（《小雨泛镜湖》）“一弯画桥出林薄，两岸红蓼连菰蒲。”（《思故山》）仿佛山阴道上的生活场景，驻足随手捡起来就是一句诗。在唐朝，山阴道更是成了“唐诗之路”上的“打卡点”，笑迎南来北往的骚人墨客。

山阴道，连接了绍兴物质文明和精神文明的两座高峰：东汉永和五年，马臻开凿鉴湖，绍兴成鱼米之乡；东晋永和九年（353），王羲之等行曲水流觞雅事，诞生了《兰亭集序》。

蔡元培说：“绍兴就是这么一个历史积淀层叠、文化拥挤、名人与名人紧挨着的地方，每一步下去，都能踩中一处历史。”

文学巨匠鲁迅在1925年写下《好的故事》：“我仿佛记得曾坐小船经过山阴道……”“我真爱这一篇好的故事，趁碎影还在，我要追回他，完成他，留下他……”

如今的永和塔留下了那些“好的故事”，那些曾在山阴道上留下足迹的美言诗语，保存于各种形式的优秀传统工艺品中，它们安静地陈列在那里，供游客追思品鉴。每当重大节庆期间，塔上华灯齐放，照亮了山阴古道，也仿佛让两个永和年间的伟大成就，永远守望着这片美丽的山水。

书法圣地独步天下 墨客骚人踵继朝拜

导读："仰观宇宙之大，俯察品类之盛，所以游目骋怀，足以极视听之娱，信可乐也。"《兰亭集序》诞生在怎样的"足以极视听之娱"的活动中？它又为何会成为天下第一行书？位于兰亭的父子碑和帝皇祖孙碑背后有着怎样的故事？《兰亭集序》真迹最终又落到了谁的手中？

书法圣地独步天下
墨客骚人踵继朝拜

"群贤毕至，少长咸集。此地有崇山峻岭，茂林修竹，又有清流激湍，映带左右，引以为流觞曲水，列坐其次。"王羲之笔下这个"群贤毕至"的兰亭，位于浙江省绍兴市西南13千米处的兰渚山麓，自东晋以来成为中国书法历史上一个不可或缺的存在。诞生在这里的，全篇共324个字的天下第一行书《兰亭集序》，更是超越了其本身的文本意义，成为烙印在人们心中的一个文化符号。而最初，兰亭的名字却起源于兰花。

兰亭因春秋时越王勾践在此植兰、汉时设驿亭而得名。而让它成为文人墨客心中的书法圣地的，是东晋的大书法家王羲之。

《兰亭集序》中写道："此地有崇山峻岭，茂林修竹，又有清流激湍，映带左右。"将古老绍兴兰渚山下的绿水青山，描绘得细致生动。会稽的佳山秀水引得名人多居之。鉴湖带来的丰饶物产，也吸引着随晋室东渡的世家大族、文人名士的到来；而他们的到来，为这片土地留下了许多文化瑰宝。兰亭里的一次贤达聚会，让中华文化史上一座流芳千古的高峰由此拔地而起。

东晋永和九年三月初三，晋代贵族、会稽内史王羲之偕亲朋谢安、孙绰等42位文人雅士，在兰亭修禊后，举行饮酒赋诗的"曲水流觞"活动，引为千古佳话。

当时，王羲之等在举行修禊祭祀仪式后，在兰亭清溪两旁席地而坐，将盛了酒的觞放在溪中，由上游浮水徐徐而下，经过弯弯曲曲的溪流，觞在谁的面前打转或停下，谁就得即兴赋诗并饮酒。据史载，在这次游戏中，有30多位文人雅士写出了各种美妙的诗句，王羲之将大家的诗集起来，做成了《兰亭集》，并且为这本集写了序，也就是后来举世闻名的《兰亭集序》。《兰亭集序》被后人誉为“天下第一行书”。

萧翼赚《兰亭集序》

现在绍兴的云门寺，本来是王献之的住宅。有史料记载，王献之曾看到屋顶上出现五色祥云，之后，他就将住宅捐了出来，建成寺庙，也就是我们现在看到的云门寺。而《兰亭集序》代代相传，一直传到王羲之的七世孙智永和尚手里。智永又交给了他的弟子辩才，那么辩才和尚又将这本天下第一行书《兰亭集序》藏在了哪里呢?

相传，唐太宗十分喜爱王羲之、王献之父子的书法，收藏了许多王羲之亲自书写的作品。但是，他一直没有得到《兰亭集序》。为此，唐太宗一直感到很遗憾。他得知《兰亭集序》在辩才的手中，曾多次向辩才索要，均被矢口否认。太宗无奈之余，便命“负才艺、多权谋”的“智略之士”监察御史萧翼见机行事，智取真迹。

萧翼扮成一介穷书生，带着“二王”的一些杂帖拜访辩才，两人一起谈诗论赋，品书赏画，十分投机，于是便成了朋友。一次两人进行书法研讨，辩才展露了所藏的《兰亭集序》。后来有天辩才出门办事，萧翼赶忙取了《兰亭集序》真迹，回到了京都。唐太宗得到了《兰亭集序》真迹，高兴极了，特别奖赏了萧翼，并令人摹刻翻拓，赐给他的皇子近臣。相传，到临终时，唐太宗还留下遗诏，要把《兰亭集序》作为陪葬品，埋入昭陵。

鹅池的秘密

鹅池是兰亭的著名景点。池水清碧，白鹅戏水，诉说着王羲之爱鹅、养鹅、书鹅的传说。相传碑上的“鹅”字为王羲之所书、“池”字为王献之所书，父子合璧，成为千古佳话。此碑因此被人称为“父子碑”。

步入兰亭，沿着曲折小径穿过夹道而立的竹林，不远处就可以看到鹅池。如今，一群叫声高亢的白鹅迎接着四面八方赶来的游客。或许很多人会困惑，练习书法本是一个静谧的过程，而王羲之为什么如此喜爱叫声高亢又十分活泼的大白鹅呢?

专家智麟先生认为，王羲之特别爱鹅，不仅仅是类似于我们现在对宠物的那种爱，更多的是他从鹅的身上受到了很多的启发和感悟。比如在书法艺术上，它从鹅的身形中体会到“之”字的写法。兰亭集序中的每一个“之”字都是不重复的。而“之”上面一点有点像鹅的嘴巴，下来两笔像鹅的颈，然后再下来就是很厚重的一捺，像鹅的身子。现代科技研究仿生学，如书法等艺术创新也完全可以从动物和大自然中去触发灵感。

《兰亭集序》中“之”字不重复的书写方法，更是反映了这位书法家别具一格的艺术追求。在绍兴这个拥有2500多年历史的城市里，与王羲之爱鹅相关的故事也散落在各个巷子街道中，“戒珠寺”“题扇桥”“躲婆弄”还在那里讲述书圣的故事。唐代的诗人或许会像今天的我们一样，来到兰亭，想亲手摸一摸兰亭里留下的文化痕迹，沾点书圣的灵气。据不完全统计，到绍兴游历过的唐代诗人有400多位，兰亭是他们热衷于举办雅集的一个地方。

“镜湖流水漾清波，狂客归舟逸兴多。山阴道士如相见，应写黄庭换白鹅。”狂客归舟，黄庭换白鹅，在李白的诗中，绍兴是一个可以寄托才情的地方，是一个充满美妙故事的地方。从唐代以后，千百年来，从没冷过。因为王羲之的《兰亭集序》不仅具有书法史上的里程碑意义，还体现了艺术的精髓——创新。王羲之的《兰亭集序》不仅仅是书法非常独特，可以给我们以美的享受，而且在内容上体现了生命的意义与天人合一的深刻感悟。

如今，绍兴兰亭景区的游人络绎不绝，叫声高亢的白鹅让兰亭保有着人与动物和谐相处的勃勃生机。这里留下了书圣王羲之对书法艺术精益求精的探索和追求，留下了历朝历代人们对“天下第一行书”的膜拜。

东南山水越为首 谪居犹得住蓬莱

导读："东南山水越为首"，是什么样的越州山水晕染在诗仙李白的心头？"越王勾践破吴归，义士还乡尽锦衣。"又是谁改变了烽火狼烟留下的断壁残垣，创造了独特的州衙建筑风格，让这里变得华美庄严？"我是玉皇香案吏，谪居犹得住蓬莱。"这里藏了什么故事，竟让被贬到越州的元稹豁然开朗？

东南山水越为首
谪居犹得住蓬莱

历史中的越州

在绍兴古老的仓桥直街上，很多店铺的楹联还保留着"越州""越国"的字样。时间回溯到千年前的唐朝，越州活跃在文人雅士笔下，在一条全长190千米的"浙东唐诗之路"上不可替代。越州山水之美曾让白居易都称赞"东南山水越为首，剡为面，沃洲、天姥为眉目"。而越州的名称是由何而来的呢？

绍兴在古时候就称为越，是我国古代南方越族的聚居地。到了春秋时期，越族就以今天的绍兴一带为中心，建立了越国，它是春秋列国之一。越王勾践时，越国灭吴称霸，当时越国的疆域逐渐拓展到了江淮地区。秦始皇统一中国以后，在越地置会稽郡，而且把原来的大越县改名为山阴县。这主要是为了消除越部族的政治影响。隋开皇九年（589），会稽郡改名为吴州。隋大业元年（605），又改吴州为越州，越州这个名称就是从这个时候开始使用的。

唐代慕名到越州游历的诗人有400多位，为什么有那么多的诗人对越州一往情深呢？这主要有几个方面的原因。第一，因为稽山镜水的秀美山水风光。第二，因为当时越州是浙东的政治、经济和文化中心，浙江东道道治和越州州治就设在这里，加上浙东运河穿城而过，所以诗人们到越州来，交通很方便。第三，因为越州人文景观非常丰富，有大量的古今遗迹留存，特别是古城里面有一座山，当时被称为龙山，很多的越国遗迹就留存在这里。

诗人笔下的越州常常柔美多情，而历史中的越州，经历过峥嵘岁月，也见证过帝王血泪。

龙山，位于今绍兴古城内西南隅，又名卧龙山、种山、兴龙山、府山等。它因山势盘旋回绕，形若卧龙，故名卧龙山，俗称龙山。春秋时期，越王勾践在范蠡和文种等大夫的辅佐下，复兴越国，消灭吴国并称霸中原。功成后，范蠡隐退，文种却被听信馋言的越王勾践赐剑自裁，葬于此山，山因此而名种山。清康熙二十七年（1688），康熙帝南巡至绍兴，驻跸于此，易名兴龙山；又因山为历代府署之地，故俗称府山。

公元前490年，越王勾践听从范蠡的建议，以龙山为屏障，在四达之地的山会平原上筑城立都，建立了包括小城和大城两座城池毗连的国都大越城（今绍兴），使战败后的越国迅速建立了新的政治、军事和经济中心。

勾践在修筑城池时，不敢设防，在面向吴国的西北向不筑城墙，以示“臣服”之意，但实质上对吴国高度戒备，于是在龙山的山顶上建造了一座高台建筑，名为飞翼楼，登楼远望，可观察吴国入越动静。当时，勾践的宫殿越王台也建在龙山上。相传，越王勾践当时为了灭吴雪耻，复兴越国，不敢过安逸的生活，躬行节俭，每天吃粗粮，穿单色粗布衣，甚至不看歌舞，不听音乐。他与百姓同劳动，亲自参加耕作，勾践夫人也与越国的妇女们一起织葛布。宫殿建成后，勾践没有在里面就寝，却居住在简陋的阁楼中，这座楼明为起居室，实际上是具有防御功能的箭楼。勾践把苦胆悬挂在箭楼的小屋里，每次进出都要用舌头舔尝苦味，晚上则睡在柴薪上，时时提醒自己不忘国耻。勾践卧薪尝胆、焦思苦身的精神，激励和感召着越国臣民。所以当时越国上下凝心聚力，同仇敌忾。经过“十年生聚，十年教训”，越国的国力逐渐强盛起来，最后越王勾践兴兵伐吴，一举消灭了吴国。这座越王台也成了后人纪念勾践的地方。

“越王勾践破吴归，义士还乡尽锦衣。宫女如花满春殿，只今惟有鹧鸪飞。”

唐代时，昔日越国所建的越王台已尽显萧败，山上的越王台、飞翼楼等越国遗址成了众多诗人墨客借古抒情之处。李白来越州登龙山时就写下了题为《越中览古》的诗篇。诗人窦巩在出任浙东观察副使时，也发出感慨："伤心欲问前朝事，惟见江流去不回。日暮东风春草绿，鹧鸪飞上越王台。"唐代时许多诗人或来这里寻访古迹，或来这里饱览山水之胜和州城美景。唐初时，有一个人在龙山上建立了庞大又华丽的建筑群，为这里添加了更多的文化艺术气息，也使更多的墨客骚人对越州心驰神往，诗咏丹描。

元稹和白居易唱酬来往的佳话

在府治中，在山巅上，都可以近览鉴湖，远眺稽山，饱览山水之胜。唐穆宗长庆三年（823）10月，元稹出任浙东观察使兼越州刺史时，就住在龙山上的州宅之内。他对龙山上州衙等建筑的壮丽十分感慨，对州城的山水之美赞叹有加，认为"居山之阳，凡所谓台榭之胜，皆因高为之，以极登览"。元稹曾位至宰相，被贬至越州，却心境平和。

诗人白居易出任杭州刺史时，两位好友相互诗筒递送，唱酬来往，传为佳话。元稹曾题写了《以州宅夸于乐天》诗寄给白居易。元稹在诗中云："州城迥绕拂云堆，镜水稽山满眼来。四面常时对屏障，一家终日在楼台。星河似向檐前落，鼓角惊从地底回。我是玉皇香案吏，谪居犹得住蓬莱。"

站在龙山顶上观望，视野开阔，既能看到群山逶迤的会稽山脉，又见碧波万顷的鉴湖水环绕州城。住在州宅，可谓天上人间兼及。为此，诗人用诙谐之笔写了"我是玉皇香案吏，谪居犹得住蓬莱"之句。虽被贬官，却天天住在蓬莱仙境，这是何等的欣慰。这既是诗人的乐观，也是对好友白居易的慰藉，可谓情真意切。

不久，诗人元稹又写《再酬复言和夸州宅》，写下了"会稽天下本无俦，任取苏杭作辈流"之名句，以表达对龙山和越州之爱。此后，元稹更是意犹未尽，写下了"仙都难画亦难书，暂合登临不合居。绕郭烟岚新雨后，满山楼阁上灯初。人声晓动千门辟，湖色宵涵万象虚。为问西州罗刹岸，涛头冲突近何如"的诗句。龙山的美轮美奂难以用笔墨来形容，表明了蓬莱之真实意境。

唐代慕名来越州游览的诗人留下了大量脍炙人口的诗作。越州和位于越州城内的这座龙山，经历过战火纷飞时的惨烈，也彰显着匠心的精美。一动一静，等待更多人来这里赋予它更多的故事。

剡溪风华禅意浓

导读：“湖月照我影，送我至剡溪。”新昌剡溪岸边，有着怎样的禅庭古院？“南岩寺，本沧海，任子钓台今尚在？”庄子中的任子钓台，对后世有着怎样的影响？号称越国敦煌的大佛寺，又有着怎样的传说？唐代诗人是沿着哪些线路游历新昌的？

剡溪风华禅意浓

“海客谈瀛洲，烟涛微茫信难求。越人语天姥，云霓明灭或可睹。天姥连天向天横，势拔五岳掩赤城。……”诗仙李白的一首《梦游天姥吟留别》，让天姥山成为大众心中一座浪漫的高峰。天姥山得名自王母，是一片连绵起伏、气势磅礴的群峰，更是浙东唐诗之路上的一座高峰。

南岩寺 本沧海 任子钓台今尚在

南岩位于新昌城关镇西面，在会稽山之南，属于当时剡中的政治中心南面，由此而得名。这里山岩陡险，由砂石堆积而成，岩石呈现赤红色，上面有很多洞穴，以物触之，纷纷而落，世称海迹神山。

《庄子·外物》中记载，有一个姓任的公子，用很大的鱼钩和很粗的鱼线钓鱼，鱼饵用的是50头牛。这位姓任的公子蹲在会稽山上，可以把线放到东海，钓了整整一年，没有钓到鱼。忽然有一天，有一条大鱼吞没了这个鱼饵，鱼饵沉了下去。这个任公子钓台，据文献看，就在新昌南岩附近。如此大气磅礴，体现了庄子的气概，只有李白的“白发三千丈”可以与之比拟。

南岩旁边，有一座依崖石而建的南岩寺，这是最早的石窟寺之一，距今已有1600多年的历史。千年前，唐代诗人李白、李绅、张祐等人均曾到此一游，任公子钓台的传说令诗人们浮想联翩。中唐有个叫齐颤的诗人，就曾写过一首诗："南岩寺，本沧海，任子钓台今尚在。见说垂钓于此中，犗牛作饵庄书载。沧海竭，任子殁，波涛打处为岩窟。不知任子何所之，唯见钓台空突屼。"这些诗句让人想起李白的"屈平词赋悬日月，楚王台榭空山丘"。楚王的权势、任公子的大鱼都成了过往，而那山川以及山川中的故事，却成了我们的记忆，成了我们的精神财富和文化基因。

以明月为钩 彩虹为线的李太白

隐逸思想是我国传统文化的重要组成部分，烟波钓叟这一特殊社会群体，在文人的笔墨下，逐渐成为一种审美形象。任公子可以说是文学史中钓者形象的原型，就连姜太公钓鱼的传说，也是到了战国中期才有文献记载。后来屈原故事、东汉严子陵钓台的传说、中唐柳宗元的《江雪》中都记载了这种形象。艺术作品当中，钓者的形象就更加不胜枚举了。

唐诗中，钓鳌、钓竿等意象多次出现。李白自号"钓鳌客"。据南宋时候的笔记小说记载，有一回，李白拿着钓鳌客的名片，去求见当时的宰相。宰相问他："你叫钓鳌客，那你用什么丝线、用什么鱼钩去钓呢？"他说："我用彩虹做丝线，用明月做鱼钩。"只有李白才能讲出这样的话，也只有这样的比喻，才能匹配任公子钓台这样一个传说。

晋宋开山天台门户 齐梁造像越国敦煌

距离南岩不远，有一座恢宏的寺院叫大佛寺，这里古树斜垂，幽静雅致，游人如织。大佛寺原名石城寺，起源于齐永明四年（486），以大佛闻名。大佛静坐于石窟之中，壮丽异常，被誉为"江南第一大佛"。盛唐时期，佛、道、儒三教并举，新昌风光秀丽，大佛寺庄严肃穆，吸引着众多高僧、名士来此游历。由此，大佛寺成了浙东唐诗之路上的重要驿站，其中曾三次到浙东游历的孟浩然，便留下了"竹柏禅庭古，楼台世界稀"的诗句，可见当时的禅院已经很有规模了。

浙东新昌一带，曾是众多高僧聚居之地，也留下了不少神奇的传说。《万历绍兴府志》中说，在当地活动的一个高僧于法开，一天晚上到一个农户家中投宿，发现主人的妻子生孩子，生了两天没有生下来。他出了一个主意，叫人家杀了一头肥羊，然后把羊肉切碎，让这个女子吃下去，之后再给她针灸。针灸以后，那个小孩好像被羊肉包裹着，顺产下来了。这种传说不知道有没有医学根据，但是从这个故事当中可以印证，佛教初传进来的时候，在上层是通过老庄哲学、道家思想消化吸收，在民间则是通过法术来教化、吸引的。

暝投剡中宿 明登天姥岑

谢灵运，这名山水诗的开山鼻祖，曾夜宿剡中，寻觅天姥。到了唐代，几百位诗人，或陆路骑行，或水路泛舟，来此游历。由于诗人游览的目的不同，浙东唐诗之路到新昌分成三条线。

第一条是陆路，全长45千米，从嵊州黄泥桥到南岩、大佛寺，出新昌城东，经黄婆亭，到桃源、斑竹，登会墅岭，然后上横板桥到天姥寺、皇渡桥，经关岭出天台。这一条线是422年谢灵运开凿的，诗人许浑、李敬方走的也是这条路。北宋熙宁六年（1073），日本僧人成寻走的也是这条路。到了明代，这条线发展成官道，在新昌境内有9个铺。

第二条是水路，沿着剡溪往上走，经过新昌城关镇，到央于、兰沿，然后从水路到现在的沃洲湖方向，到青坛、黄坛，再转为陆路，明成化《新昌县志》中记载，“东山寺有谢灵运像，裸体而行，须长及地，足著木屐，手执一卷，惟一布巾蔽前耳”。在大山里面，谢灵运不修边幅，甚至连衣服都没有穿，裸体而行，须长及地，脚上穿着木屐，也就是李白所说“脚著谢公屐，身登青云梯”中的谢公屐，据说民国时候这个像还在，但是现在已经不存在了。唐代的卢象、耿湋、朱放等诗人，都在这条线上留下了诗歌作品。

第三条也是水路，从嵊州城关镇、沿着澄潭江经苍岩、澄潭、镜岭，然后再到现在的镜澄埠转陆路，上东阳、磐安。

水路剡溪，至今渌水荡漾。古道、驿站、村落，一个个承载着诗韵的遗迹，如一颗颗璀璨的珍珠散落在新昌大地上。多少唐代诗人留下了令人倾慕眷恋的动人诗篇。

龙山高阁参天半　旷望不与人间同

导读："湖山四面争气色，旷望不与人间同。"绍兴的这座龙山上藏了多少故事，让诗人们觉得它"不与人间同"？历史上，这座山又经历过怎样的变故，让壮丽华美的州衙建筑付之一炬？"钱清地古思刘宠，泉白堂虚忆范公。"范仲淹在这里有什么样的惊喜发现，被点拨了为官做人的方法？越州又是如何改名为绍兴的？

龙山高阁参天半
旷望不与人间同

龙山

"江城昨夜雪如花，郢客登楼齐望华。夏禹坛前仍聚玉，西施浦上更飞沙。帘栊向晚寒风度，睥睨初晴落景斜。数处微明销不尽，湖山清映越人家。"跟随着唐代诗人张继登高远眺，看到的是洁白秀美的越州风景。在云开雪霁的一天，也许，让他欣赏到美好风景的，就是位于绍兴古城内西南隅的这座府山。

绍兴古城内曾有"九山中藏"，现在依然有府山、塔山、蕺山三山鼎峙，遥相呼应。三座山历史悠久，古迹众多，文化积淀深厚，成为古城绍兴的不同凡响之处。

历史上，府山有多种称呼。山体盘旋回绕，形若卧龙，被称为卧龙山，俗称龙山。龙之口，是府东门；龙之腹，是府宅，也就是府衙；龙之尾，是西园；龙之脊，是望海亭。唐代时，在原越国所建的飞翼楼旧址上，建了望海亭建筑。卧龙山，又俗称龙山。越大夫文种葬于此，又名种山。清康熙二十七年（1688），康熙帝南巡至绍兴，驻跸卧龙山，山改名为易龙山，又因山为历代府署所在地，所以被称为府山。

唐初，这座山上壮丽的建筑群形成了独特的府衙建筑风格，匠心独运的建筑设计赋予了这座山更多的文化内涵。在历史上，府山不仅经历了"越王勾践破吴归”的争霸过程，也留下了种山的名称。至今，山上的文种墓、三蓬亭仍然在叙述着春秋时期越国那个难忘的故事。

春秋时期，越王勾践在越国大夫范蠡、文种等的辅佐下，复兴越国，灭吴称霸。功成后，范蠡隐退，他留下一封信告诫好友文种：飞鸟尽，良弓藏；狡兔死，良犬烹；敌国灭，谋臣亡。意思是说，勾践是一位只可共患难、不可共安乐的君王，你还是赶紧离开为好。文种在收到信后便称病不上朝，但最终仍被听信谗言的勾践赐死。

文种为兴越灭吴，曾经向越王勾践献上了“伐吴九术”，也就是灭吴的9种计策。这9种计策只用了3种，昔日强大的吴国就已衰落，最后被越国所灭。有人就向勾践进谗言：文种的伐吴九术，还有6种未用，如果用来对付越王，那越国岂不是有亡国的危险？所以，越王勾践实际上是害怕文种的谋略，猜忌文种的忠心，因此赐剑于文种，让他自尽。文种在临死前说：“后有贤者，百年而至，置我三蓬，自章后世。”文种的一番话显示了他对越王的肝胆忠义和光明磊落之心。文种死后，勾践就按照文种的意愿把他葬在卧龙山上称为“三蓬”的地方。当年文种的坟墓规模很大，越王勾践派了2000人为文种墓修造了鼎足形的3条墓道。现在在文种墓的旁边有一个凉亭，称为三蓬亭，就是后人为纪念越国大夫文种而名的。

“至忠惜甘死，越塞一坟孤。”历代诗人敬仰文种的肝胆忠义，纷纷来此直抒胸臆。当年“三千越甲吞吴”的震撼场面，“周六百二十步”的华美宫殿都早已不得见。而唐初留下的壮丽的府衙建筑群，也被一场“碑经山烧断，树带海潮枯”的大火烧了个精光。那么，是谁出于什么原因烧尽了曾被前人称为越州胜景的建筑呢？

唐末，龙山上的州衙建筑仍壮丽恢宏，州城景色秀美如画，真的是“海亭树木何茏葱，寒光透坼秋玲珑。湖山四面争气色，旷望不与人间同”。

唐昭宗乾宁二年（895），威胜军节度使董昌在越州举起反帜称帝，自封为罗平王。董昌任越州观察使初期，为政还是比较清廉的，也为当地的老百姓做了一些好事。在任威胜军节度使后，他野心渐大，荒淫暴敛，严施酷刑，独霸一方。因向朝廷要求封越王未果，大为不满，心生反意，自立为帝，改元顺天。消息传到朝廷，唐昭宗诏令驻于杭州的镇海军节度使钱镠往越州讨伐董昌。钱镠曾是董昌的部下，所以决定先礼后兵。他写了一封信劝谏董昌：与其关起门来当皇帝，不如开门当一个节度使，能得终身富贵。面对钱镠的劝谏信，董昌断然拒绝。钱镠见信谏不成，就亲率3000骑兵到越州城迎恩门外面谏董昌，向他指陈祸福。当时董昌表示愿意向朝廷请罪，于是钱镠率军返回杭州，但不久董昌再次反叛。于是，钱镠率军队讨伐董昌，将董昌围困于越州，眼看败局已定，董昌只能除去帝号，布衣出越城北门而被活捉。后来，人们就把生擒董昌的那座北城门称为昌安门，意为讨伐董昌，越州得以平安。

钱镠平定董昌之乱后，因为厌恶董昌的反叛之举，就将位于龙山的这座伪宫殿付之一炬，熊熊火光使昔日庄丽的州宅建筑化为灰烬。此后，钱镠在龙山上重新营建了州衙建筑。又在山上兴建了高阁，称为蓬莱阁，其名源自唐代元稹的诗作："我是玉皇香案吏，谪居犹得住蓬莱。"

蓬莱阁建筑秀丽典雅，灵动高挑，尽显建筑之美。"郡阁高檐半纳云""万壑千岩百尺楼""尤有楼台参天半"等历代诗人的诗句，都记载着当时蓬莱阁的巍峨雄伟。

钱清地古思刘宠　泉白堂虚忆范公

清白泉，位于今府山越王殿前西侧，为北宋名臣范仲淹所辟。

范仲淹（989—1052），字希文，吴县（今江苏苏州）人，宋真宗朝进士，是北宋著名的政治家、军事家、文学家。散文《岳阳楼记》为其所作，成为千古名篇。宋宝元二年（1039），范仲淹出知越州。在越期间，他积极兴办府学，延聘名流讲学，使越州办学之风大盛。他为官清廉、自律，在越期间写下著名的《清白堂记》，流芳百世，成为佳话。

其时，越州州衙位于龙山。一日，范仲淹见州署西边岩石下的一块荒地密蔓丛深，有水渗积。他将此处的杂草清除后，发现了一口废井。于是便命人清理井边的污秽及杂草野枝，并掏尽井中污泥，疏通水脉，新砌了井壁井栏。三天后，井中之水汩汩有声，清澈见底。"清而白色，味之甚甘。渊然丈余，绠不可竭。"井中之水冬暖夏凉，用其泡茶幽香四溢。范仲淹爱泉之清白，将其命名为清白泉。范仲淹感叹当时官场混乱，吏治腐败，他竭力主张“清白而有德义，为官师之规”，并以“清白”自励。后将州衙大堂改名为“清白堂”，并在其旁构筑了一座“清白亭”。又借景抒怀，专门作了一篇《清白堂记》，告诫自己和他人做官、做人都要像泉水一样清清白白。今清白泉遗迹尚存。泉东南两侧用石栏板砌筑，泉西侧岩石呈天然台阶可下池，泉北为天然石壁。

范仲淹为官清白，德政高尚，一直被后世视为楷模。他主张的“清白而有德义，为官师之规”与其在《岳阳楼记》中“先天下之忧而忧，后天下之乐而乐”的精神是遥相呼应的。今天，为弘扬廉政文化，对后人进行清白为官、廉洁做人的德政教育，疏浚后的清白泉及重建后的清白亭、清白堂，已被列为绍兴市廉政文化教育基地。

绍兴的地名源自怎样的历史

北宋靖康二年（1127），金兵占领中原，攻陷京都，俘获徽宗、钦宗二帝和朝中大臣、皇亲国戚、后宫嫔妃共3000余人，并将其悉数押送至金国。北宋灭亡，史称“靖康之耻”。同年，康王赵构在南京应天府（今河南商丘）即位，改年号为“建炎”，成为南宋第一位皇帝，即宋高宗。

由于金兵南下，宋高宗从扬州逃到杭州，又渡钱塘江至越州，驻跸位于龙山的州衙中，越州第一次成为南宋的临时首都。但金兵紧紧尾随，当年12月，宋高宗只得离开越州往温州避难。金兵撤退后，宋高宗于建炎四年（1130）4月第二次回到越州，仍以龙山的州治作为临时行宫，并居住了一年零八个月。

在高宗第二次驻跸越州期间，金兵暂停南侵，政局相对安定。高宗希望借此巩固南宋朝廷大权，中兴大业。建炎五年（1131）春正月初一，高宗在越州率文武百官遥拜徽宗、钦宗二帝，下诏改元为“绍兴”。此后，越州官吏军民等请求高宗升州为府并赐府额。宋高宗仿唐德宗改梁州为兴元府的事，于绍兴元年10月26日，下诏升越州为绍兴府。800多年前，宋高宗在位于龙山的行宫中发出了升越州为绍兴府的诏书。此后，绍兴的地名一直沿袭至今。现在，绍兴已不仅仅是一个单纯的区域地理的标志，而是成为中外瞩目的文化高地。当年，宋高宗赵构为了中兴南宋王朝，改元为绍兴，又升越州为绍兴府，并在龙山上亲手种植柏树。今天这株枯柏兀自傲立，一副虬枝怒张昂首挺立的姿势，似乎在向人们诉说那昔日的一段历史。

宋高宗驻跸越州时，他的后宫嫔妃亦一同居于行宫中。今天绍兴地名中的香粉弄就与高宗的后宫嫔妃有关。

高宗自登基后，为摆脱金兵追赶，不停南奔；皇后、妃、嫔亦一同受累，惶惶不安。生活安顿下来后，众多后宫佳丽每天对镜妆容，个个如花似玉。后宫人数众多，所需胭脂香粉的数量也很大，于是在行宫背面的一条巷弄内设立了配制胭脂香粉的作坊，人们走近此处，便可闻到脂粉芳香扑鼻。据传，宫内嫔妃及宫女每天用府山上的泉水洗脸，沿山泉流下来的胭脂香粉汇聚于莲河桥下的水沟中，将这沟中的水染成胭红色，人们便称此地为“脂沟汇头”，将制作香粉的地方称为香粉弄。

唐代诗人来这里游历山水，抒发理想，让龙山成为唐诗之路上的一个重要节点。这座龙山上藏了太多故事，见证过三千越甲吞吴的壮阔场面，保护着中华文化的传承和发展，在历史的长河中留下了浓墨重彩、用丹心书写的春秋，绽放出荡气回肠、感天动地的精神力量，也让后人发现唐诗之路上从未消失过的精彩文字和深刻思考。

苎萝山前浣江流 西施故里风光柔

导读："未入吴王宫殿时，浣纱古石今犹在。"越女西施，在故乡留下了什么动人传说？"一代倾城逐浪花，吴宫空自忆儿家。"是沉落江底还是泛舟五湖，美人西施，身归何处？浣纱溪边被岁月冲刷的古石，西施殿里亭亭玉立的佳人，又让哪些唐代诗人念念不忘，歌颂不已？

苎萝山前浣江流
西施故里风光柔

"艳色天下重，西施宁久微。朝为越溪女，暮作吴宫妃。贱日岂殊众，贵来方悟稀。邀人傅脂粉，不自著罗衣。君宠益娇态，君怜无是非。当时浣纱伴，莫得同车归。持谢邻家子，效颦安可希。"西施逝去后的1000多年，唐代诗人王维发出了这样的感慨。清晨的浣纱江上，雨雾蒙蒙，风光秀丽，两岸矗立着苎萝、金鸡两座山峰，穿越岁月的烽烟回望，西施的故事从未走远。

古代形容美人，说有沉鱼落雁之容，闭月羞花之貌。其中的沉鱼，说的就是西施。西施自幼生活在苎萝村，诸暨浦阳江的一条支流浣纱溪附近。浣纱溪东面有一个村子叫鸬鹚湾，当年这里的劳动人民曾经养鸬鹚抓鱼；浣纱江的西面，就是苎萝村。苎萝村又分为两个村，其实西施本名施夷光，但是因为她在苎萝村的西边，所以就称她西施。相传有一天，西施到了水潭边，潭中的鱼儿、虾儿听说西施长得非常漂亮，就想来一睹芳容。由于鱼的眼睛长在两侧，想要看到岸上只能侧着身体。当鱼看到西施容貌的时候，水潭上面白花花的一片，因此，这个潭又叫白鱼潭。看完了之后，鱼忘记了游动，就沉下去了，这个潭又叫沉鱼潭。

明珠射体孕西施

被青山秀水滋养的西施清新淳朴，一颦一笑风情万千，连皱眉抚胸的病态都被人所模仿，留下“东施效颦”的典故。

西施的美，被人们形容得充满神秘色彩，甚至在当地流传着“明珠射体孕西施”的神话传说。传说西施是由月宫中的一颗珍珠射体而生的。这颗珍珠是月宫中嫦娥的，顽皮的金鸡把这颗珍珠用来玩耍，一不小心将其掉入了民间，刚好落入了浣纱溪中。恰好当时西施母亲在江边浣纱，捞到了这颗珍珠之后，就怀上了西施。金鸡下凡来寻找这颗珍珠，它看到江中有闪闪发亮的珠子，以为是那颗珍珠，就一直啄啊啄，最后变成了一只鸬鹚，一直匍匐在这里，等待着这颗珠子再次出现，但是等到珠子再次出现时，西施就出生了。时间一长，它就匍匐在这里动不了了，化作了金鸡山。

西施、范蠡一石定情 浣纱古石今犹在

“家住水东西，浣纱明月下。”（《白石滩》）西施家境贫寒，父亲以卖柴为生，为了维持生计，西施像母亲一样，经常到溪边劳作。青石之上，西施挥动纤手，临水浣纱。其实，西施浣纱是洗苎麻，这种工作非常辛苦。苎麻的外表皮要撕下来，经过水浸泡后腐烂，再用棒子一边敲一边洗，洗干净之后晒干，就可以编织成麻衣、麻绳、麻鞋。

在西施浣纱的地方，发生了一件载入史册的千古风流韵事。公元前494年，越王勾践仓促兴兵攻打吴国，被杀得溃不成军。在吴国军队的重围之中，越王勾践只得卑躬屈膝，忍辱求和。他派范蠡遍走越中，寻访美女。一个阳光明媚的日子里，范蠡与西施相遇在浣纱溪畔。一个旷世奇才，一个绝世美女，产生了一场刻骨铭心的爱情，这块浣纱石所在之处就是范蠡和西施定情的地方。

李白一首诗里面讲到“浣纱古石今犹在”，李白看到这块石头时，上面写着“浣纱”两个字。这两个字据说是著名的书法家王羲之写的。明朝文人王思任曾经写过一篇散文，他去参观浣纱石时，还可以看到石旁边题了名字，其中有个“右”字还在，至于“王”字、“军”字则没有了，王羲之又叫王右军，可以证明这两个字是王羲之的真迹。

吴亡后西施身归何处

在勾践最悲惨、最孤苦的岁月里，是文种、范蠡献上美人计，是西施忍辱负重，以身许国，助勾践披荆斩棘，成就霸业。到最后，功臣文种落得个“鸟尽弓藏，兔死狗烹”的悲惨下场，只有早已看破这一切的范蠡功成身隐，退隐江湖。

“一代倾城逐浪花，吴宫空自忆儿家。”关于西施的结局，在《吴越春秋》中有着明确的记载：“吴亡后，越浮西施于江。”国色天香的西施沉江殒命，令人悲怆心碎。人们不忍心看到这样一个悲惨结局，便有了泛舟五湖的传说，千年之后的苏东坡曾写下“五湖问道，扁舟归去，仍携西子”的词句。千古美人西施，究竟身归何处？

浙江大学中文系教授骆寒超认为，越王勾践把西施沉江的说法可能是出于当时的政治考虑，比较靠谱的一种推论结果，不过也有一种说法，是西施和范蠡泛舟五湖。他认为，西施最好的结果应该是像李白诗中所讲的那样：“一破夫差国，千秋竟不还。”西施再也不见了，这是西施下落最好的一个表现，西施完成了自己的使命，就退出了这个舞台，转为了神圣的角色。

唐代诗人寻遗殿

“佳人去千载，溪山久寂寞。野水浮白烟，岩花自开落。”（王轩作）作为一个贫困人家的少女，西施在2500多年前的政治舞台上扮演了非常重要的角色，唐时一大批著名诗人，宋之问、骆宾王、李白、王维、王昌龄、刘长卿等，都歌颂了西施传说。“西施越溪女，明艳光云海。”（《送祝八之江东，赋得浣纱石》），李白曾经在诗里写道“昔时红粉照流水”，当年西施的这种意象，正是劳动人民审美的一种体现。唐朝诗人李商隐诗句中也讲道：“西子寻遗殿，昭君觅故村。”

西施殿始建于唐开成年间，当时佛教比较兴盛，就以浣纱庙、西子祠的方式纪念西施。不幸的是，唐朝建筑物在抗战时期被日本人炸毁了。现在所能见到的西施殿是1986年诸暨人民为了纪念西施，在原有遗址上重修的。曲径回廊，山亭阁楼，错落有致的江南风情，既绮丽繁华，又温婉柔美。西施殿里亭亭玉立的佳人，风姿绰约中似有不尽忧思、万千心事。

千年之后，西施依然留存在人们心底，无数诗人遥想那个溪边浣纱的美丽身影。西施走了，但因对西施浣纱的怀想，留下了一首首千年不灭的诗歌。

苎萝山青，浣江水碧。西施殿和范蠡祠遥相对望，默默守候着清澈的浣纱溪。“未入吴王宫殿时，浣纱古石今犹在。……若到天涯思故人，浣纱石上窥明月。”唯有溪边的浣纱石，历经江水冲刷，久经岁月侵蚀，依然神采奕奕，向人们诉说着这里曾经发生的故事与传奇。

飞瀑争流　五泄安禅

导读：“飞泉成五级，一级一龙湫。”五泄，这个名称为何如此奇怪？五级飞瀑，又是怎样一番光景？“满堂花醉三千客，一剑霜寒十四州。”浙东唐诗之路上，诗僧贯休和越王钱镠之间，为一句诗又演绎了哪些恩怨传奇？

飞瀑争流　五泄安禅

五泄

“五泄江山寺，禅林境最奇。九年吃菜粥，此事少人知。山响僧担谷，林香豹乳儿。伊余头已白，不去更何之。”诗僧贯休诗中的五泄，位于诸暨市西面，是浙东唐诗之路上的重要景点。

五泄

一折青山一扇屏，一湾碧水一条琴

五泄景区翠峰巍峨，溪水潺潺，是一处风景清幽秀绝的游览胜地。一入五泄，两岸青山，一湾碧水，映入眼帘。这便是五泄湖，它是一个半天然、半人工的湖，据说古时候这里居住着村民，有一条小溪流，因为经常涝旱，村民迁到了外面，在这边建了大坝。大坝建成后，湖面弯弯曲曲，乘坐舟船于其间，可以体会到“一折青山一扇屏，一湾碧水一条琴”的湖光山色，有“小长江三峡”的美誉。

“飞泉成五级，一级一龙湫。削出万仞秀，讵让蓬莱丘。”（《五泄山三学院十题·五泄》）坐船穿过五泄湖，再走过一段曲径通幽的山路，五泄瀑布便映入眼帘。早在1000多年前的北魏，地理学家郦道元在《水经注》中就有关于五泄的记载：“五泄者，五瀑布也，土人谓瀑曰泄。”五泄总体落差80多米，总长334米，景象非常壮观。五泄是一首自然绘就的交响曲，时而婉转，时而高亢。一、二泄是水的源头，第一泄5米，第二泄落差7米，一、二两泄初似乐章起步，基调平缓，如月笼轻纱，双龙争壑，开朗深沉。三泄以65°角倾泻而下，恰似高潮迭起，奔驰而下，如珠帘飘动，千姿百态。四、五泄激荡心神，气吞万里，如烈马奔腾，蛟龙出海，蔚为大观。

五泄与唐诗中的西施

沿着五泄顺流而下，能感受到它的神秘。李白在《梦游天姥吟留别》中写道：“半壁见海日，空中闻天鸡。”在五泄山顶，你甚至可以听到鸡鸣的声音。这是怎么一回事呢？原来在最上面有个叫紫阆村的村庄，古代有一名诗人认为，吴国灭亡以后，西施从土城山逃出，没有逃到家里，而是顺着五泄，一级一级飘了上来，在紫阆村隐居。每到夫差自刎的那一天，她都要跑到山口的地方去焚香，然后摸着山上的流水，想象着这个水流到自己家乡，以寄托家国哀思。

西施隐居五泄，是真有其事，还是穿凿附会，如今已经很难考证。不过五泄山水奇秀，素有七十二峰、三十六坪，其中确有不少典故，与西施有着说不清、道不明的关联。比如三十六坪当中的施姑坪，据说，西施被选为美女送到吴国之后，她的几位姐妹不想遭遇西施这样的下场，所以就逃难到了这里，后人便将这里命名为施姑坪。西施，原名施夷光，她的姐妹也姓施，所以施姑坪是姓施的姑娘居住过的地方。

诗僧贯休与钱镠“州不能添，诗不能改”的传说

“绿竹漪漪欲铺天，栖真岩下可安禅。”淡淡山风吹拂，弯弯山道通幽，僧人们也被五泄“天作锦屏环十里”的奇异景色所吸引。唐元和三年（808），五台山高僧灵默禅师云游于此，担土砌石、砍树建茅，建造了五泄禅寺。如今，在五泄禅寺的门口，还有一棵千年银杏树，据说是良价大师亲手栽种的。其实，在唐朝时，五泄还曾隐居过一位著名的唐代诗人，“画成罗汉惊三界，书似张颠直万金”是对诗僧、画僧贯休的描述。

贯休，俗姓姜，出生于唐朝末年，自幼遁入空门，20岁时，诗名就已经耸动当世。他有诗云“一瓶一钵垂垂老，千水千山得得来”，时称“得得和尚”，曾在五泄隐居多年。离开五泄山寺后，贯休开始走上了一条从山林修道到乱世修行的特殊道路。传说，当年他曾写了一首诗，其中两句是“满堂花醉三千客，一剑霜寒十四州”。吴越国国王钱镠看到后，很欣赏这首诗，可是总觉得“十四”两个字不太好。原来当时钱镠的地盘只有一军十三州；更尴尬的是，当时其中两个州还被其他势力占领。钱镠想要把“十四”改成“四十”，而且向贯休保证，只要改写这句诗，就可以给予贯休非常好的待遇。

然而，贯休听到这个消息以后讲了一句话：“州不能添，诗不能改。”并留下另一首诗：“不羡荣华不惧威，添州改字总难依。闲云野鹤无常住，何处江天不可飞？”然后飘然而去。

唐寅在这里赛诗：“九曲苍松悬屋角，五重飞瀑落长空。”著名作家郁达夫游完五泄后，对这里赞不绝口，“一步一峰，一转一溪”。唐宋以后，无数文人骚客来此游历，吟诗作画，流连忘返。人们在喧嚣的城市中感到厌倦，在紧张的工作中觉得疲劳，不妨到这秀丽的一方山水中，洗去心灵积久的尘埃。

曹娥庙里秋月明

导读："曹娥庙前秋草平，曹娥庙里秋月明。"上虞的曹娥江，为什么会以一个女子的名字命名？孝女曹娥，又有着怎样感天动地的故事？"绝妙好辞为写照，丰碑千古在江湄。"曹娥孝碑，为什么会被称为"天下第一字谜"？诗人李白，又为什么笑读曹娥碑？

曹娥庙里秋月明

"青娥埋没此江滨，江树飕飗惨暮云。文字在碑碑已堕，波涛辜负色丝文。"（《题曹娥庙》）在绍兴上虞，静静地流淌着一条曹娥江。曹娥江，是剡溪的主要河流，这里是浙东唐诗之路的一个重要节点。

江畔伫立着一座曹娥庙。一条江，一座庙，都以一个女子的名字命名，千百年来，饱经沧桑，吸引着无数文人墨客纷至沓来，凭吊怀古。绍兴有"五女"，美女西施、孝女曹娥、情女祝英台、才女唐琬、侠女秋瑾。孝女曹娥是上虞曹家堡村人，母亲早亡，父亲曹盱是一名巫祝。相传春秋战国时，越王勾践战败，派人去吴国求和。大臣伍子胥反对纳降，引起吴王夫差反对，伍子胥被赐自尽，尸体被投入钱塘江。当地的老百姓十分愤慨，自发地来到钱塘江畔烧香纪念他，并奉伍子胥为"潮神"。东汉汉安二年（143）端午，在上虞的江边，曹娥的父亲曹盱在祭祀伍子胥时发生了意外，不幸落水。曹娥为了寻父亲，沿江寻访了17个昼夜，最后投江而死。据说，又过了5天，已死去的曹娥托着父亲尸首一起浮了上来。

"孝女魂兮何所之？故园遗庙两堪悲。"（《曹娥庙》）有感于曹娥的孝行，人们要求为她建庙立碑。当时的县令叫度尚，度尚的弟子邯郸淳只有15岁，听了曹娥的故事，少年才子激情勃发，一口气不加点写出了曹娥的碑文。碑文共267个字，其中讲到曹娥的事迹，"翩翩孝女，载沉载浮。或泊洲屿，或在中流，或趋湍濑，或逐波涛。千夫失声，悼痛万余。观者填道，云集路衢。泣泪掩涕，惊恸国都”。曹娥的孝心，让四周的老百姓无限悲伤和感动。

如今的曹娥庙坐西朝东，面向曹娥江，以雕刻、壁画、楹联、书法名扬四海。尤其壁画以连环画的形式，叙述了曹娥生前及死后传说的全过程，虽然构图简单，但线条圆润流畅，极具表现力。庙内的《曹娥碑》，被称为“天下第一孝碑”。碑文苍劲，文字恰如历史长河里的一艘夜航船，如诉如泣的歌声在夜空中回响。这块孝碑引领着人们虔诚而诗意地凭吊曹娥。

最早是汉代大文学家蔡邕得知曹娥的事迹以后，连夜赶到这里，由于天色黑暗，看不清碑上的文字，只能手摸，结果他把曹娥碑的碑文摸下来以后，非常惊叹，留下了中国历史上第一个字谜“黄绢幼妇，外孙齑臼”。三国时，曹操和杨修到过曹娥庙，看了这个字谜以后，曹操猜不出来，后来杨修说，我已经猜出来了，过了三十里路以后，曹操才猜到这个字谜。“黄绢幼妇，外孙齑臼”8个字其实就是赞美这个碑文是绝妙好辞。黄绢，就是黄色的丝，绞丝旁一个“色”字，代表绝；幼妇表示少女，代表妙；外孙，女儿的儿子，就是好；齑臼，古代的齑臼就是捣烂姜蒜的容器，用当时的话说就是“受辛之器”，“受”字旁加“辛”就是“辞”的异体字，合起来就是“绝妙好辞”。

曹娥碑名震天下，与历代书法家的临摹密不可分，尤其是在兰亭隐居的王羲之。有人称：“邯郸文与右军书，珠联璧合。”王羲之跟居住在上虞东山的谢安是非常好的朋友，从谢安口中听说了曹娥的事迹，赶到了曹娥庙。看到碑文以后非常感动，他立马向庙主要了纸和笔，以小楷书孝女曹娥碑文于细绢之上，被称为绢本《曹娥碑》，现在收藏于辽宁博物馆，是不可多得的书法精品。这样一来，孝女和她的碑文传扬四海，孝女庙成为江南第一孝庙，而蔡邕题的字谜，被称为“天下第一字谜”。曹娥碑成为浙东唐诗之路上诗人们到上虞必去的一个景点。

“绝妙好辞为写照，丰碑千古在江湄。”（《咏曹孝娥》）盛唐时，诗人们沿着浙东唐诗之路，由曹娥江入剡泛游，多会在曹娥庙驻足。诗人们凭吊之时，将对曹娥的崇敬倾注于笔端，留下了千古绝唱。李白到曹娥庙的时候，仔仔细细地读了碑文，又沉吟了好长一段时间，很受启发，留下了“笑读曹娥碑，沉吟黄绢语”之诗句。李白的“笑”，其实是在哭。他读了曹娥碑，想到了自己，想到了家，想到了父母，含泪读完了曹娥碑，思念自己的家乡和亲人。白居易在杭州做官时，也专程到上虞去游曹娥庙。“别后曹家碑背上，思量好字断君肠。”君是谁？他自己。所以，曹娥孝女庙、曹娥的事迹之所以成为中国二十四孝之一，获得历代皇帝的册封与表彰，与历代诗人的赞誉密不可分。

静静流淌的曹娥江不仅有曹娥的身影，还有文脉的传承和流淌。上虞是中国孝德文化之乡，孝德绵延，流传着丰富的孝德传说。上至传说时代的尧舜禹时期，圣贤虞舜就隐居于此，这里成为诗人们寻访瞻仰的地方。虞舜是上虞古代的一个大孝子，《史记》记载，虞舜二十闻孝，三十被举，成为尧的接班人。尧的儿子丹朱看到父亲要把帝位传给舜，起来反对，形成了朝政紊乱。舜为了避免这种状况，主动回到了老家上虞隐居。丹朱之乱平定后，百官派代表到上虞迎接虞舜回北方。为了纪念他的功德，把那条古代的江称为舜江，又把他隐居的地方——百官、上虞作为地方的名字留下来。在其隐居的山下专门给他建了一个舜庙，比曹娥庙还要久远。唐代著名文人朱庆馀留下了诗篇，其中两句非常感人：“向来下视千山水，疑是苍梧万里天。”朱庆馀的诗，让人联想到舜的鞠躬尽瘁、死而后已，他的大孝，是孝于家，忠于国，功于天下。

“曹娥庙前秋草平，曹娥庙里秋月明。扁舟一夜炯无寐，近听潮声似哭声。”（《曹娥庙》）一个叫曹娥的女子，把整条江都喊成了自己的名字，曹娥的生命虽然定格在14岁，但是在越地人心里，她已经活了2000多年，并将继续活在人们心中。

风流谢安在东山

导读："惆怅晋朝人不到，谢公抛力上东山。"谢安，为什么会隐居东山二十年？"但用东山谢安石，为君谈笑静胡沙。"东山的哪些古迹与谢安息息相关？"汉主追韩信，苍生起谢安。"谢安为什么会东山再起？他对唐代诗人又产生了什么影响？

风流谢安在东山

"不向东山久，蔷薇几度花。白云还自散，明月落谁家。"唐代诗人李白口中的东山，位于绍兴市上虞西南。这里重峦叠嶂，清波涟漪，山顶有绵延的国庆寺。因为谢安，这里成为浙东唐诗之路上的一个理想坐标。

谢安，字安石，是东晋名士，年少时崇尚清谈，避世隐居于会稽山阴之东山。相传，谢安从小才学很好，被东晋宰相王导看重，进入宰相府里担任左著作郎，20岁左右辞职离开建康，也就是今天的南京，回到东山隐居。隐居的那段时光，谢安广结天下名士。有时，他与支道林、许询坐而论道；有时，又与王羲之等人行流觞曲水之雅事。名传千古的兰亭集会上，谢安诗兴大起，连作两首诗。"伊昔先子，有怀春游。契兹言执，寄傲林丘。森森连岭，茫茫原畴。迥霄垂雾，凝泉散流"，从中可以窥见谢安的风流倜傥。

但用东山谢安石　为君谈笑静胡沙

在东山，有一块巨石悬指大江，那便是李白诗中的"东山指石"。传说每当夜深人静时，石头便会悄悄伸过江去，弹奏出动听的乐曲。东晋时，谢安与王羲之等高士泛舟漫游，对弈弹琴。现在在曹娥江边，还有一座谢安钓鱼台，传说谢安来钓鱼，钓的就是曹娥江的蓝鳊鱼。蓝鳊鱼是曹娥江中的一种鱼，鲜艳的蓝色非常美丽，据说这种鱼只上谢安的钩。

还有一次，谢安与朋友坐船从曹娥江出去，起风浪了，坐在船上的朋友们心里都非常害怕，手足无措，但是谢安坐在船头，镇定自若，告诉大家不要慌，叫船夫往前走，船夫越往前走风浪越大。这时候，谢安才让船夫往回走。由于谢安的镇定自若，船缓缓地往回走以后，避免了这一次的风浪。从中可以一窥谢安的风采。

其实，谢安隐居东山，除了游山玩水外，还承担着非常重要的任务。东晋实行门阀政治，陈郡谢氏是名门望族，子女的学识对家族的兴衰荣辱起到至关重要的作用。谢安有6个兄弟，侄女如才女谢道韫、他的儿子谢琰都在老家，没有人管理、教育，谢安的第一大任务就是为家族培养后代。同时，当时谢氏从西京逃难回来，在上虞东山落脚，老家还没有建好，谢安回家也是为了建设庄园，巩固大后方，后来这里也成为谢家的根据地。

暂因苍生起　谈笑安黎元

隐居东山二十年，谢家经历了一系列变动，谢氏家族朝中人物尽数凋零。此时的东晋王朝，王导年老，需要一个有才智、有大智慧的人来执掌朝政。无奈之下，360年，谢安回到朝中主持大局，史称东山再起。谢安在朝廷为东晋王朝做了两件大事，其中一件就是挫败桓温篡权的阴谋。

当时的桓温执掌东晋兵马大权，觉得东晋王朝司马皇帝昏庸，想要取而代之。朝廷人心惶惶，请谁去劝退桓温呢？于是派出了当时的左右丞相王坦之和谢安。王坦之认为，这次去非死不可，吓得浑身发抖，汗流浃背。谢安则非常镇定，说东晋朝廷，在你我，在此一举。他从与桓温的友谊，讲到对国家朝廷的忠诚，并告诉桓温，这样做将来会遗臭万年。桓温被谢安说得非常惭愧，在谢安的劝阻下，桓温只得退兵了事。

没过多久，桓温郁郁而终。然而，东晋王朝的更大危机转瞬即至。383年，前秦苻坚亲率百万大军，东西万里，浩浩荡荡，大举来犯。“组练照楚国，旌旗连海门。西秦百万众，戈甲如云屯。”（《登金陵冶城西北谢安墩》）东晋王朝危在旦夕，面对紧张局势，谢安再次挺身而出。在谢安的运筹帷幄下，由其侄子谢玄掌控的八万北府兵，在淝水一举击败了苻坚的八十万大军，这就是历史上有名的淝水之战。成语里面的草木皆兵、风声鹤唳，说的就是这个典故。

不向东山久 蔷薇几度花

淝水之战后，谢安的声望达到了巅峰，在赢得了“风流宰相”赞誉的同时，也引来了嫉妒和排挤。他再次萌发了隐居东山的念头。然而，打算从水道回东山的谢安，此时重病缠身，在建康病逝，享年66岁。谢玄知道谢安的心愿，向朝廷提出辞官回东山，朝廷允许谢玄辞官，回东山安葬谢安。如今谢安的墓，就安葬在东山谢氏家族的大墓下面。

前半生狂歌东山，后半生出将入相。谢安，是真名士，更是大英雄。史书中的谢安，风流倜傥，纵情豪迈。谢安之后，谢氏家族又诞生了中国山水诗的鼻祖谢灵运。由此，东山逐渐成为浙东唐诗之路上非常重要的人文景观。许多唐代诗人专程到东山寻访，祭奠谢安和谢灵运。

王维到了东山后，写了诗觉得还不够，又专门写了一篇《东山记》，把东山四周的景色淋漓尽致地描写下来。唐代大诗人李白，先后三次来到东山，游览胜景，祭奠谢安、谢灵运。光是李白一生写东山的诗，就有37首。他的《忆东山二首（其一）》“不向东山久，蔷薇几度花。白云还自散，明月落谁家”，表达了自己希望在东山与谢安相伴，终老一生的心愿。后来，杜甫来到东山，“汉主追韩信，苍生起谢安。吾徒自漂泊，世事各艰难”。杜甫看到谢安为国家出力，想到自己没有为国家做多少事，非常伤感。

“朱雀桥边野草花，乌衣巷口夕阳斜。旧时王谢堂前燕，飞入寻常百姓家。”（《乌衣巷》）穿越千年迷雾，传承浙江文脉。山不在高，有仙则灵。东晋之后，东山这座并不巍峨的山峰，成为浙东唐诗之路上雄踞东南的名山，它所承载的“东山再起”精神，历经唐代诗人的赞美，愈加熠熠生辉。

剡溪蕴秀别样深

导读："东南山水越为最，越地风光剡领先。"究竟是什么样的魅力，让剡中山水成为诗人们为之向往的地方？"湖月照我影，送我至剡溪。"李白为何三次入剡？"剡溪九曲胜景"中的嵊浦又有着怎样的故事？

剡溪蕴秀别样深

剡溪

九曲剡溪 清澈澄碧 潺潺而流

剡中溪水清丽，名山怀抱。浙东会稽、天台、四明三大名山在此盘结，其间清流环绕，奔腾有声，汇聚成剡溪，两岸风光如画，旧有东门、艇湖、竹山、禹溪、杉树潭、仙岩、清风、嵊浦、鼋头渚，统称"剡溪九曲胜景"。

其中，嵊浦又称剡溪口，溪江在这里绕山而转，成回肠之势。这里也曾是始宁墅的所在地，东晋太元十年（385）谢玄功封康乐县公，择地嵎浦，经始庄园（在今嵊州市三界镇剡溪口），其孙谢灵运名始宁墅。始宁墅是谢玄新建的一个庄园，谢灵运进行了大规模开发，并作《山居赋》记其事。

李杜诗情寄剡中

“湖月照我影，送我至剡溪。”1000多年前，身在鲁地的李白准备南下会稽。临行前夜，他做了一个梦，梦见自己乘一叶扁舟在月色中行至剡溪。从此，便有了他沿着运河、钱塘江、曹娥江、剡溪，三次从水路入剡，留下了“此行不为鲈鱼脍，自爱名山入剡中”的美句。

李白一生数度入剡，无论是来之前还是到过以后，对剡中风物总是不胜神往。他在《东鲁门泛舟二首》一诗中说：“轻舟泛月寻溪转，疑是山阴雪后来。”“若教月下乘舟去，何啻风流到剡溪。”

和李白一样，杜甫晚年也对剡溪景物不能忘怀，时常追怀年轻时壮游剡溪时的情景。开元十九年（731），杜甫游历吴越，他这次漫游是从洛阳出发的，渡过长江前往江宁（今南京），离开江宁后，便到江南观赏秀丽的风光。他在会稽游览了秦始皇东巡会稽等的遗迹，在鉴湖边感受了炎夏难得的凉爽。又乘船南下，来到东晋王子猷雪夜出访戴逵的剡溪。杜甫《壮游》诗：“越女天下白，鉴湖五月凉。剡溪蕴秀异，欲罢不能忘。”写在剡溪恣意游赏的事。

诗人们为何钟情于剡中山水

“剡”来自秦始皇东巡。始皇帝三十七年（前210），他在稽山时望见东南有龙脉迹象，派人于今嵊州城隍山星子峰南侧掘土坑千丈，以泄王气，钦点坑名为“剡坑”。从此境内水在剡溪，山有剡山。秦王钦定“剡”地，欲以“两火一刀”断龙脉、泄王气，却因清静秀丽成就了世外桃源、洞天福地，成为古时隐居避难的首选。到了北宋宣和三年（1121）改剡县置嵊，属越州。古代，四马一车为一乘。“嵊”即四面环山、中间盆地之意。

“越地风光剡领先。”从整条浙东唐诗之路的地理位置来分析，当时的剡县距离钱塘江边的西兴渡口约120千米，距离天台石梁飞瀑130千米左右。况且古时交通一是车马，二是舟楫，而且水路优于陆路，是最为便捷的交通方式。从水路来分析，剡溪是唐代诗人游历浙东的交通枢纽。剡县四面环山，四明、天台、会稽山山脉连绵抱合，唯有剡溪与外界相通。诗人们游历浙东，无论是从何处来，到何处去，均需经过剡溪。如唐代诗人崔颢的“鸣棹下东阳，回舟入剡乡”，是从金华江上游入剡，再经浙东运河回归的；杜甫“饥拾楢溪橡”“归帆拂天姥”，则是由临海方向经剡溪北返的；等等。从陆路来分析，剡县是唐代诗人游览浙东名山的必到之地。“唐诗之路”所指的浙东地形，就如一个倒放着的“爪”字，底面（即南面）一撇是括苍山与大盘山，上面自左而右（即自西而东）三撇依次为会稽山、四明山、天台山。在倒“爪”形的三山交会处即剡县，西北边以会稽山为界，东北边与四明山接壤，南缘为天台山麓线，而古代多山地区的官道大多沿着山脚而建，唐代诗人沿着会稽山、四明山、天台山游历，必到剡地驻足停留。

古剡越地人最忆。剡溪是嵊州的母亲河。她在嵊州境内潺潺流淌，经仙岩、嶀浦、三界，汇入曹娥江。剡溪流过的地方，叫剡中。剡中幽奇的山水，使东晋“两圣一祖”王羲之（书圣）、戴逵（雕圣）、谢灵运（山水诗鼻祖）和“十八高僧”等名人选择剡溪归隐。当时北方大批衣冠南渡，中原士庶避乱南徙，剡中盆地成为他们崇尚清雅文化和玄学的理想境地。他们寄情山水、崇尚自然，或安家，或隐居，或修道，或仙游，出则游弋，入则咏言，激情迸发，文思泉涌，给嵊州注入了丰富的文化内涵和精神，留下了魅力四射的文化瑰宝。

时至今日，人们还时常会沿着古人曾经的足迹，来到剡溪边，传诵历代文人对剡溪的情愫，感受来自唐诗之路的文化韵味。

剡溪风物人最忆

导读：书圣王羲之为何归隐金庭？他与剡中山水有着怎样的联系？王子猷为何雪夜出访戴逵？剡中山水又赋予了嵊州怎样的文化魅力？

剡溪风物人最忆

书圣王羲之归隐剡溪之畔

剡溪，虽然没有黄河那么磅礴、长江那么雄浑，但是唐代竟有包括李白、杜甫、白居易、王维在内的众多诗人到此游历，并留下了大量的好诗佳句。这条河流之所以得到了众多文人的青睐，与一个彪炳史册的名字有着密切的关系。

金庭是王羲之的归隐地，在嵊州的王羲之，其书法又达到了新的高度，从一个高度到达另一个高度是相当难的。那么他为何会有这样的突破呢？

纸张的尝试，写出了晋人韵味。特别是剡藤纸的使用，让他从金石刻凿、竹帛书写，更多向纸面书写转移，完成了从“刻”到“写”，从“碑”到“帖”，从“金石”到“翰墨”的飞跃。纸张上的笔触更能体现书写的“小动作”，形成“遒妍”的韵味。

书体的打通，提升了艺术审美。有两个人对王羲之书法影响较大，一个是他的姨母卫夫人，另一个是他的叔父王廙。他从两位老师那里掌握了东汉书法的两个重要体系——张芝的草书和钟繇的楷书，创造性地发展了行书。晚年的修身养性，少了“公文式”的实用性书写，让他的作品增加了艺术性。书写很放松，或楷，或行，或草，类似“雨夹雪”。他将草书“绞转”运用到行书中，使线条富有立体感。作品中，还经常出现3个字、4个字“连绵”在一起，为后来狂草的发展奠定了基础。

文化的滋润，丰富了创作思想。从小环境看，金庭山是道家“第十八福地”，也是佛教“银庭寺”所在。周边又有炉峰寺、大佛寺。王羲之本是道士，归隐金庭后道佛双修，使其创作的作品更为中庸冲和，不激不厉，炉火纯青。从剡中大环境看，嵊州文脉久远，底蕴深厚，生生不息，这对王羲之也有一定影响。因此，王羲之的书法作品，有着非常丰富的内涵和强大的生命力。

书圣之师——卫夫人

卫夫人是书圣王羲之的书法启蒙老师和人生导师，王羲之7岁就跟随卫夫人学习书法。卫夫人在书法界负有盛名不仅仅是因为教出了一个书圣徒弟，她的勤学好思、痴迷书法的精神也受人敬重。

她对山水有感悟。她的笔下有神奇的剡中山水。她认为，“横”如“千里阵云”，“点”如“高空坠石”，“竖”如“万岁枯藤”等，很形象、生动。

她的书法有风格。像传世的《名姬帖》《卫氏和南帖》，清秀典雅，如“插花舞女”“碧沼浮霞”。她十分喜爱剡藤纸，把剡藤纸薄、轻、韧、细、白等质地和性能淋漓尽致地表现了出来。

她的字形有创新。她是北方女性，取法钟繇，但一改钟繇《宣示表》那种扁平的字形，去隶化，变长方形，更加显现出江南女性的娟秀与柔性。

她的理论有建树。著有《笔阵图》一卷，强调笔力与筋骨。

她的教育有名气。她为王、卫两个家族，为剡中大地，培养了一大批书法名家。

王子猷雪夜访戴

正是在王羲之、谢灵运等人的影响下，剡溪声名远播，引得天下文人纷至沓来，后世各朝的文人雅士慕名追寻于此，这里成了历代文人的朝圣之地。其中就包括李白三次“入剡寻王许”，踏看了东晋名士王羲之、许询的金庭遗踪，王子猷雪夜出访戴逵的艇湖。

艇湖总面积4.8平方千米，其中水域面积3.4平方千米，东晋时候的艇湖并没有这么大，正是因为一个典故而使艇湖名声大振，那就是《王子猷雪夜访戴》的故事。

《王子猷雪夜访戴》是南朝文学家刘义庆的作品，选自《世说新语·任诞》。王羲之第五个儿子王子猷居住在山阴，一次夜里大雪纷飞，他一觉醒来，打开窗户，四处望去，一片洁白银亮。于是起身，慢步徘徊，吟诵着左思的《招隐诗》，忽然间想到了戴逵。当时戴逵远在曹娥江上游的剡县，他即刻连夜乘小船前往。经过一夜才到，到了戴逵家门前却又转身返回。有人问他为何这样，王子猷说："我本来是乘着兴致前往，兴致已尽，自然返回，为何一定要见到戴逵呢？"

百年越剧诞生地

一方水土养一方人，剡中山水孕育出了别具一格的文化。在嵊州，东王村远近闻名，而它知名的原因竟是100多年前的一场演出，尽管当年的演员和观众早已作古，但人们仍对它记忆犹新。那场演出，标志着中国传统戏曲形式越剧从此横空出世。

1906年，越剧就在嵊州市甘霖镇东王村诞生。短短100多年时间，以嵊州人为主体的越剧前辈经过探索发展，形成一条越剧"发源在嵊州，发祥于上海，繁荣于全国"的轨迹。

"剡溪蕴秀异，欲罢不能忘。"诗圣杜甫的诗句道出了人们对于剡中山水的心驰神往。千帆已过，江流有声，剡溪的水，流淌在历史的长河中，生生不息。剡溪里流淌的是水花，荡漾的是诗情，饱含的是书魂，孕育的是越韵，澎湃的是精神。浙东唐诗之路因剡溪而魅力四射，剡溪因浙东唐诗之路而风光无限。

南国天台山水奇

导读：“天台山者，盖山岳之神秀者也。”究竟是什么样的魅力，让天台山成为“山岳之神秀”？“余有灵山梦，前君到石桥。”石梁飞瀑有着什么样的故事？最初又是谁在这里写下得道成仙的传奇故事？“华顶归云”，登上天台山的顶峰，又是什么样的风景？

南国天台山水奇

天台山自古为文人所赞赏，如《晋书》记载，许迈曾经居住在此地，在《与王羲之书》中说道：“自山阴至临海，多有金庭玉堂，仙人芝草。”东晋孙绰的《游天台山赋》，更是将天台山称为“山岳之神秀者”。古代凡是读书之士无不知东南沿海有一座“穷山海之瑰富，尽人神之壮丽”的天台山。

因为此山僻处东海之滨，距离中原十分遥远，交通不便，只有极少数文人来到山上纵览她的真容，看到这座山的人加以赞颂描写，流传出去，便越发让这座“海上仙山”充满了扑朔迷离、变幻缥缈的神奇色彩。到唐朝，随着政治稳定、经济繁荣、文化昌盛，文人对天台山的种种奇异充满渴望，紧跟着晋宋先贤的踪迹，纷纷来到天台山，与此地的官员、道士、和尚、儒生交游，诗酒征逐，流连忘返，留下了众多的文学作品，成为浙东唐诗之路上一个重要的地标。

南国天台山水奇　石桥危险古来知

天台山引人喜爱的原因很多，最基本的前提是它的自然景观足够吸引人的眼球，其中不得不提的就是天台山上的石梁飞瀑。

石梁飞瀑中的石梁是世界上极为罕见的花岗岩天生桥，长约7米，梁面宽不盈尺，石梁上游有两涧来水，汇成一股乘势冲过梁下，飞泉悬瀑如万斛珍珠倾泻，为霜为雪，势若奔雷，状甚奇伟。人到石梁边上，不敢俯视深渊，听其瀑流之声即已心惊胆战，要想从石梁上走过，更是危险万分，难以言述。

传说，能从石梁桥上走过去，就会“得道成仙”。历史上曾有一位从西域来的僧人，叫作白道猷。相传，白道猷到了这里，忘记了尘世的一切，也忘记了自我，竟然在这样的心境之下，顺利地走过了石梁桥。更令人惊奇的是，走过了石梁桥的白道猷获得了很多仙药和宝物，最后还在此地“得道升仙”。因为白道猷的成功，很多文人、隐士、道士纷至沓来，将能否走过石梁桥作为一个检验自己能否“得道成仙”、是否有佛性的方法。

石梁飞瀑之景最得唐朝诗人赞赏。刘禹锡诗云：“更入天台石桥去，垂珠璀璨拂三衣。”李绅诗中还写到石梁旁边有神奇的琪树：“石桥峰上栖玄鹤，碧阙岩边荫羽人。冰叶万条垂碧实，玉珠千日保青春。”相传，琪树能让人长葆青春，更令人急于一探究竟。

东晋孙绰在《游天台山赋》中，对石梁飞瀑做了精彩的描写：“跨穹窿之悬磴，临万丈之绝冥。践莓苔之滑石，搏壁立之翠屏。揽樛木之长萝，援葛藟之飞茎。虽一冒于垂堂，乃永存乎长生。必契诚于幽昧，履重险而逾平。”悬磴指石桥。这一段描写与前述白道猷忘身而过石桥，得达彼岸的情形十分相似。也是后来唐朝诗人探寻天台山、歌颂天台山引用典故的源头。

余有灵山梦　前君到石桥

晋宋风流人物对于唐朝诗人的引领作用十分显著，尤其是王羲之、许迈在东中诸郡（约与唐朝以来的浙东范围相仿）游踪较密，其遗闻轶事流传亦广。李白在《送王屋山人魏万还王屋》诗中说：“此中久延伫，入剡寻王许。笑读曹娥碑，沉吟黄绢语。天台连四明，日入向国清。五峰转月色，百里行松声。灵溪恣沿越，华顶殊超忽。石梁横青天，侧足履半月。”晚唐诗人李郢《重游天台》诗写得清新流畅，景象奇险，令人过目不忘：“南国天台山水奇，石桥危险古来知。龙潭直下一百丈，谁见生公独坐时。”

在石梁飞瀑附近建有上、中、下三座方广寺。原来是上方广寺最精致，文物古迹最珍贵、最丰富，但在20世纪70年代初不慎失火被烧为焦土；中方广寺最险峻，建于石梁桥头，下视深渊，壁立千仞，令人心惊胆战，“石梁屹横架，万仞青壁竖”，最适合观览赏景；下方广寺最完整，处石梁之下侧，白天可仰视石梁飞瀑之壮观，“怪来烟雨落晴天，元是海风吹瀑布”，夜晚可聆听石梁飞瀑之幽静，最适宜投宿寺中体验石梁之夜。

天台邻四明 华顶高百越

华顶是天台山的最高峰，古人把天台山看成一朵花，花瓣有八重，华顶居其中心，所以叫作“华顶”（华的初文是象形，像花朵之形，花是后起形声字）。

陶弘景《真诰》云：“天台山高一万八千丈，周回八百里，山有八重，四面如一。”而且此山“顶对三辰，当牛斗之宿”即“台宿”，故得名“天台”山。此山成为浙东台越两州的分水岭，从此发源而向北流的便成为剡溪（剡县境内名，下游便是曹娥江），向南流的便成为始丰溪（天台县原名始丰县，下游便是灵江）。天台山华顶高居东海之滨，常有云雾缭绕，故成为天台山大八景之一，叫作“华顶归云”。华顶东边没有更高的山峰，眺望东海，晴天无云，可见水上日出之景，故李白诗中“天台邻四明，华顶高百越。……凭高远登览，直下见溟渤”，就是当年他登临华顶时所写实景。因此自古以来华顶对游客的一大魅力，就是可以观赏东海日出的壮观景象，文人画士、道士、和尚无不钟爱此山，一直留传下来的知名遗迹有太白读书堂、右军墨池、智者大师拜经台等。

华顶上面有两个景色不得不看，一个是古寺。古寺是华顶寺，早期的萌芽是智者大师在天台山上设立许多茅棚，有“七十二茅棚”之说；五代晋朝所建的善兴寺，始建于晋天福元年（936），为有“国师”之号的高僧德韶大师创建，现存建筑则是于1998年重建的。另一个是茶园，传说这里也是茶文化的源头。寺后的归云洞，相传为三国吴时道士葛玄手植茶圃所在，至今已有1700余年，有归云亭。登上此亭，可以俯览天台山的景象，“一览众山小”。唐代诗人张祜《游天台山》诗云：“视听出尘埃，处高心渐苦。……回首望四明，矗若城一堵。……彭蠡不盈杯，浙江微辨缕。”这是诗人登顶后所见所感。

皎然《送邢台州济》诗云:“海上仙山属使君,石桥琪树古来闻。他时画出白团扇,乞取天台一片云。”在诗人们的笔下,就连天台山上的云都被赋予了美的品格、美的价值、美的魅力。

天台山上遇仙客

导读："海上求仙客，三山望几时。"天台山上有何风景，又有什么高人，让这里成为道教的圣地？"此行不为鲈鱼鲙，自爱名山入剡中。"飘然潇洒的诗仙李白，在天台山上有何奇遇，能够让自己的仕途出现转机？"桃花流水依然在，不见当时劝酒人。"在美丽的桃源春晓之中，刘晨、阮肇与仙女的人仙之恋，最终又落得什么结局？

天台山上遇仙客

唐代孟浩然《寄天台道士》云："海上求仙客，三山望几时。焚香宿华顶，裛露采灵芝。屡蹑莓苔滑，将寻汗漫期。倘因松子去，长与世人辞。"在唐代诗人的笔下，天台山常常被赋予神秘的色彩。海上仙山、奇花异草、得道成仙的故事，成为文人们描写天台山时的必备元素。为什么文人们会选择天台山来寄托自己的浪漫理想？

有人说，是因为"南国天台山水奇"，天台山奇特、丰富的自然景观拓展了文人的视野；也有人说，因为天台山的位置偏僻，受到长安、洛阳等政治中心的辐射较弱，适合隐逸生活。也许正是因为奇特的山水和远离尘世的位置，天台山成了道士、隐士和文人修身养性的胜地。

玄圣之所游化 灵仙之所窟宅

孙绰《游天台山赋》序云："天台山者，盖山岳之神秀者也。涉海则有方丈、蓬莱，登陆则有四明、天台，皆玄圣之所游化，灵仙之所窟宅。夫其峻极之状，嘉祥之美，穷山海之瑰富，尽人神之壮丽矣。"从中可见，天台山被看作海上仙山，与道教仙山方丈、蓬莱、瀛洲相提并论，也表明此地向来是神仙游处之地，植根很深。

简言之，道教把道场分成了四等，第一等叫十大洞天，第二等叫三十六小洞天，第三等叫七十二福地，其余为第四等。道教全国十大洞天，台州占其三：第二委羽洞天，在黄岩；第六盖竹洞天，在天台赤城；第十括苍洞天，在仙居。另有小洞天一处，第十九盖竹洞天（名同地不同），在临海。福地的数量则更多。

作为天台山一部分的桐柏山，向来被描写成一个仙踪密集的地方。而桐柏山上的桐柏宫，更是台州最有名的道场，也是官府主管台州道教的机关。三国东吴赤乌元年（238），道士葛玄来此炼丹，开始修建栖身之所。他的到来，成为天台山上又一个故事的开端。

葛玄，是最早开辟道场的知名道士。葛玄本是一个很有学问的人，到这里来的因缘是他的父亲做过山阴县的县令，山阴离临海郡（台州前身）不远，所以他到这里来开辟道场。因为葛玄出身于一个道教世家，在道教界很有影响力，所以影响了一大批道士，追踪他来到这个地方，继续他的未竟事业。

葛玄来了之后，他的侄孙葛洪在自己的作品中常常提及天台山上可以炼丹合药一事。南朝梁时，著名的道士陶弘景也来到了这里。他学问很高，就连帝王遇到关于国家的疑难问题时，都会派人去山里请教陶弘景。陶弘景曾经拒绝了高官厚禄的生活，爱在天台山里享受一份独特的自由，被后人称为“山中宰相”。

桐柏在天台山的独特地位，与知名人物在此修炼布道紧密相关。唐朝以道教为国教，以道家代表人物老子李聃为自己的祖先，封其为玄元皇帝，孔子为文宣王。唐太宗曾下诏，规定道士位于僧尼之前。道教地位空前提高，居于三教之首。道教宗师可以向皇帝提出治国平天下的意见与建议，还可以向皇帝举荐人才。于是，天台山也成为文人寻求指点、求得良机的圣地，就连诗仙李白也是得到天台山道士司马承祯等人的引荐，让自己的仕途出现了转机。

武则天、唐睿宗、唐玄宗三位皇帝先后征召司马承祯入京布道，向他咨询国家大事与个人心中疑惑，司马承祯予以点拨，因此颇受赞赏。唐玄宗甚至挽留司马承祯留在长安南边的终南山，不要回天台山，被司马承祯婉拒了。之后，唐玄宗安排了一次隆重的送别仪式，亲自作《王屋山送道士司马承祯还天台》诗为赠:“紫府求贤士,清溪祖逸人。……地道逾稽岭,天台接海滨。音徽从此间,万古一芳春。”满朝大臣纷纷赠诗,情景动人。宋之问作诗《送司马道士游天台》:“羽客笙歌此地违,离筵数处白云飞。蓬莱阙下长相忆,桐柏山头去不归。”

此间曾经隐居终南山的卢藏用规劝司马承祯到终南山隐居,说:“这个地方大有妙处。”司马承祯说:“以我看来,不过是仕宦的捷径罢了。”这就是“终南捷径”的由来。而司马承祯隐居天台,及后来李白三登天台,也和二人在江陵的一段邂逅有关。

李白出蜀,沿长江东下出了三峡,第一个上岸停留的地点是荆州,就是今天的湖北江陵。在这个地方,李白碰到了司马承祯。司马承祯与李白一见如故,对李白说:你这个人有仙风道骨,可与神游八极之表。

李白的家庭出身不太好,据说不能参加当时的科举考试。他要入仕的话,一般人的考试之路走不通,所以他想走其他途径,就想到了司马承祯所在的天台山,之后他借“此行不为鲈鱼鲙,因爱名山入剡中”之名来到了天台山。

“霜落荆门江树空,布帆无恙挂秋风。此行不为鲈鱼脍,自爱名山入剡中。”诗仙李白到底是爱名山还是仰慕山中高人呢?

相传,寻找入仕希望的李白从荆州买舟东下,千里迢迢来到了天台山。之后,他与司马承祯的师弟吴筠交游密切,情感日深。也正是因为吴筠,李白有机会能够在长安紫极宫拜访三朝元老贺知章,献上自己的作品,当贺知章读到李白的《蜀道难》时,惊叹于李白的才华,称赞李白是天上贬谪到凡间的人,就向唐玄宗推荐他。也有人说,李白还得到了司马承祯另外一位弟子的推荐,她就是唐玄宗的妹妹玉真公主。

李白曾自述自己“五岁诵六甲,十岁观百家”,还曾说自己“十五游神仙,仙游未曾歇”。可见他从小对道教充满兴趣,也为他之后遇到各位伯乐做了铺垫。

李白得到众人的推荐,被唐玄宗召见,言谈“称旨”,得以“供奉翰林”,从一介书生平步青云。未发达之前,其诗云“大道如青天,我独不得出”;将入京为官,则其诗云“仰天大笑出门去,我辈岂是蓬蒿人”,其春风得意的情景自然不难想见。李白的天台山之行,让天下千万书生,尤其是科举不顺的书生做起了“天台山之梦”，络绎于浙东山水之路。可以说，在浙东唐诗之路形成的过程中，天台山道教发挥了独特的作用。

第一莫寻溪上路 可怜仙女爱迷人

天台山的神奇之处不止在于它能承载读书人的一份入仕之梦，还在于它的神秘，让人充满幻想，促成浪漫故事的发生。

从隋唐以来，刘、阮遇仙的爱情传说被文人墨客写进诗歌、小说、戏曲、散文之中。相传，剡县（今嵊州、新昌）青年刘晨、阮肇到天台山中采取穀皮，经过13日，粮食吃光，陷入困境，看到前面绝壁上有一棵桃树，结满鲜红的桃子，冒险上树摘桃果腹，恢复体力，又发现下面半山腰处有溪流，水上的芜菁叶很新鲜，就断定上游不远处有人家。因此沿水上溯，又捡到随水漂来的胡麻饭碗，更加激发起刘、阮求生的希望。过了山洞，眼前豁然开朗，一条大溪边上，有两位妙龄女子正笑着等待，说“刘、阮二郎来得为何这么迟啊？”就将他们带回洞中热情招待。众仙女为他们举行了盛大的晚会，祝贺他们的相遇和姻缘。

10来日后，刘、阮想回家，被仙女知晓，说既然来到仙洞，就是有仙缘的，就不要回去了。于是刘、阮被留了下来。过了半年，等到鸟语花香、春光明媚时节，刘、阮更加思念家乡。见难以阻止，仙女就为他们举行了一场送别仪式，指示回家之路，让刘、阮回去。二人回到家乡后，发现一切都变了，找不到熟人，经打听有一个七世孙，说祖先曾经入天台山迷路不回，其他就不知道了。最后刘、阮二人思念山中仙女，想重修旧好，但已寻不到仙女了。

天台的桃源春晓，至今都还保留了一个比较原始的状态，没有大规模开发，也没有被破坏。相传这里就是刘、阮遇仙的地方。在桃源春晓里有条潺潺溪流，相传就是仙女送别刘晨和阮肇的地方。当刘晨和阮肇想重回仙洞与仙女重修旧好的时候，再也找不到入山的门路了。因此后人就把这条溪取名为惆怅溪。清朝诗人吕青芝《惆怅溪》诗云：“轻云淡淡柳阴阴，流水无心却有心。刘阮不知离别苦，为他呜咽到如今。”写出了这一人仙之恋无限的感伤与惆怅。

对于仕途不顺、功名难成的士人来说，天台山上有抚慰心灵的一剂汤药；对于决意归隐、参悟人生真谛的人来说，天台山的深邃广博展现了无限包容；对于炼丹合药的人来说，这里又蕴藏着“仙人芝草”“天地灵气”。天台山是隋唐时期的宗教圣地，浙东唐诗之路的文化高点，更是每个人心中都向往的能邂逅一场浪漫故事的仙境。

天台寻“踪”

导读：“天台国清寺，天下为四绝。”被称为“天下四绝”之一的国清寺里，蕴藏着什么样的宗教文化，从而能够成为天台宗的根本道场？“一行到此水西流”，是什么样的高人能够让溪水逆流，成就一段“千里求算”的佳话。“来去赤城中，逍遥白云外。”活佛济公与赤城山又有哪些渊源？

天台寻“踪”

诗，源自这里一石一水间的空灵与安静；心，在感受这里1400多年的历史可以获得片刻安宁与超脱。这里就是天台山上的千年古刹——国清寺。

往昔，从海外来的僧人或者信众，千里迢迢赶到天台山，看到这座隋塔时，常会为自己终于到了国清寺而热泪盈眶。隋朝的智顗（yǐ），是国清寺的设计者，世人习惯称他为智者大师。他是中国佛教发展史上第一个宗派天台宗的实际创始人，被称为“东土小释迦”。

杨广当时还在做扬州总管。由于跟智者大师交情很好，他就把智者大师请到扬州做法会，然后认智顗做师父，赐给智顗一个法号“智者”。在之后的日子里，在一场场讲经法会上，智者大师阐发着他的佛学思想，奠定了一个中国化佛教宗派天台宗的历史地位，并使天台宗远播四海。在一次杨广的征召过程中，智者大师到了新昌的大佛寺，病重得不能继续前行，就给杨广写了一封信（遗书），留下一个绝笔，叫杨广给他造一座寺庙，庙的样式和设计都已经画好了，寺基定好了。所以这里是杨广在智顗身后，派专人督造的一座国家寺庙。

隋文帝开皇十八年（598），杨广命司马王弘在天台山上建造寺庙，初名天台寺，后改为修禅寺，后据智者大师遗书中所写的“寺若成，国即清”而改名为国清寺。此后天台宗诸祖都驻锡于此，国清寺也因此成为天台宗的根本道场。国清寺历代高僧辈出，四海弘扬天台教法。海外僧人求法，也常常将天台山作为目的地。

天台国清寺 天下为四绝

天台国清寺与济南灵岩寺、南京栖霞寺、江陵玉泉寺并称为“天下四绝”。国清寺周围有五峰环绕，寺门外更是有一条号称“山门九里松”的幽静大路，在“隋代古刹”墙壁的左边，还有“双涧回澜”这样的天台山景色。“路入天台气象清”“一入天台便是仙”，诗人们用自己的感受描绘了天台山的清新脱俗。这份清新脱俗，不仅是因为美景，还因为这里深厚的文化底蕴，甚至很多遇到问题的高僧都将这里作为答疑解惑之地，其中最有名的就是唐代著名的天文学家一行法师。

一行法师主持计算子午线，是当时全国第一次地理的丈量。但是有个算数的难题，他解决不了。听说国清寺有位方丈能够解开这道难题，一行就从长安千里迢迢到天台山来请教这道难题的解法。

“一行寻师触处游，到天台后始应休。因知算法通天地，溪水寻常尽逆流。”唐开元九年（721），一行法师就因编写《大衍历》而到访国清寺。相传，一行经过寺门东西两条涧水汇合的地方时，其中东涧水似有灵性，水头腾起三丈高，水花团团朝天跃起，竟跟着一行向西涧上游涌去。至今，国清寺山门外还立着“一行到此水西流”的石碑，记载了一行法师“千里求算，涧水为之西流”的千古佳话。不过，也有记载说是当年东涧上游发了山洪，山水奔腾澎湃，急湍而下，由于东涧狭窄，水流一时间无法泄洪，就朝西涧夺道而走。天台山上因为奇景与高人，充满魅力。而距离国清寺不远处，有一座与周围群山断开、特立耸峙的赤城山，也为天台山的文化注入了神奇的色彩。

不与众山同一色 敢于平地拔千寻

赤城被称为“天台山的南门”。以前有一种说法是，欲登天台山，要经过赤城。这个地方的特色很明显：一是它的山势不高，但是很险要；它的山形层叠，很像城墙的样子。二是它的土壤颜色有点红，就好像被火烧过一样，因此以前有个别名“烧山”。这个地方向来是以道教著称的，也跟佛教连在一起。

赤城山的颜色、山形独标高格，山顶常有云雾缭绕，每当朝阳东升、夕阳西映时，其色彩斑斓，犹如织女抛下的锦绣，深为文人画士所喜爱。早在东晋孙绰《游天台山赋》中就已经做了精彩的描写："赤城霞起而建标，瀑布飞流以界道。"如今，"赤城栖霞"是天台山大八景之一，"赤城"又与"天台"一样，成为台州的代称、别名。关于赤城山的美丽传说有很多，在众多的传说里，济公常常是故事主角。

济公因为从小家境贫寒，所以对穷人充满了同情。他后来之所以出家，并且成了一个比较怪（鞋儿破，帽儿破，身上的袈裟破）的僧人，专门惩恶扬善，可能与他的出身有关系，与他从小受到的那种社会的影响有关系。

城山是一座佛道双栖的圣山。山上既有被称为道教天下十大洞天中第六洞天的玉京洞，也有济公院。济公院位于赤城山山腰，倚瑞霞洞与香云洞而建。其建筑颇具特色，由破袈裟、破帽、破鞋、破蒲扇、酒葫芦等济公形象小品组成并以游廊相连接，是天台籍建筑学家齐康设计的。相传，宋时少年李修缘（济公的俗名）居瑞霞洞、悟空洞读书，对月吟咏，顿悟禅机，后来出家济世，游戏人间，终成万民景仰的活佛济公。美好的传说，也是赤城山独特魅力的一部分。

一住寒山万事休 更无杂念挂心头

"一住寒山万事休，更无杂念挂心头。"寒山在哪里？为什么诗人来到这里就可以抛弃心中杂念？"时人见寒山，各谓是风颠。"唐朝十分著名的白话诗人寒山，是怎样的疯癫诗人？

诗里的寒山，位于天台西部，幽静深秀，因为山头"六月有雪"，其境清冷而得名。在寒山的东侧，山崖陡峻岐嶷，号称"十里铁甲龙"。山脚有一条溪流，春天来临，桃花盛开，生意盎然，几处农舍散落其间。山腰上有一个规模很大的天然岩洞，相传是唐代隐逸诗人寒山子隐居之处。他说自己"闲于石壁题诗句，任运还同不系舟"。诗里，他悠然潇洒，似乎没有俗事纠缠；他的生活简单自在，兴致来时会在石头上写上几行诗；他更愿意自己像水波里没有牵扯的小船，肆无忌惮地漂流。两句充满禅意的白话诗，带我们走近这位身份神秘的隐逸诗人——寒山子。

寒山子不知何许人也，又无姓名，后人因他在此隐居，又会作诗，写于墙壁、岩石、树身等处，多劝世人积德行善，语含禅意，细读其诗，有些哲理，便以所居之地名给他取名为寒山，“子”是对有德行者的尊称。寒山子的诗流传下来的还有300多首，编成《寒山子诗集》，收入《全唐诗》中，他是唐朝有名的白话诗人之一。

寒山子本是流浪的文人，由于他的来历缺少明确的自述，后人只得从其诗句来推测，大致是早先出身于耕读之家，曾经参加科举考试，未考中功名，后来家道变故，妻子离异，遂浪迹江湖，卜隐于此。

来到位于天台的寒山，山路两边散落着用寒山子的诗做成的路牌。跟着诗的指引，我们找到了寒岩洞。因为它朝北，阴凉一点，所以就叫作寒岩洞。山的南边还有一个山洞，朝南，比较暖和一点，所以叫作明岩洞。寒岩也好，明岩也好，都是寒山子隐居的地方。寒山子隐居在这里以后，写了很多的诗，后来他的诗歌得到了文人的赏识，获得了很高的评价，甚至像宋代的黄庭坚都说自己写不出寒山子那样的诗。

回心即是佛　莫向外头看

“不解审思量，只道求佛难。”寒山子的诗，近仙杂儒，多寓佛理，多用禅意，隐含着一种超尘脱俗的空灵感。再加上寒山个人生活里的一份神秘，让他成为唐朝十分神秘的白话诗人。“时人见寒山，各谓是风颠。貌不起人目，身唯布裘缠。我语他不会，他语我不言。”在寒山自己的诗里，他虽然貌不起眼，衣衫褴褛，却有“我语他不会”的智慧和“他语我不言”的高冷。寒山隐居的生活又是什么样的呢？

寒山子在寒岩、明岩隐居，生活条件十分艰苦，衣食无着，又无富人资助，朋友很少，平时连个说话交流的人都没有，最有可能的是与山中的放牛娃打个招呼。心中有情要写出来，又无人欣赏，只得随处书写，根本没有想到要在诗坛上传播，更没有想到要靠这种不入流的诗出名。现在看来，寒山在隐居时真正的知己，只有在国清寺厨房中烧火的拾得。

“山腰云缦缦，谷口风飕飕。猿来树袅袅，鸟入林啾啾。时催鬓飒飒，岁尽老惆惆。”在单调凄苦的生活里，寒山遇到了人生的知己——拾得。而他与拾得之间的惺惺相惜，也成了后人传诵的一段佳话，直至成了天台山和合文化的象征和载体。

伙头僧拾得是个没爹没娘的孤儿，也不知姓氏，是国清寺老和尚丰干禅师在寺外路上捡到的，所以取名“拾得”，养于寺中，长大后就安排在厨房烧火做饭，充当杂役。

拾得本身与寒山身世皆苦，不禁同病相怜，心灵相通，与他交情极好，所以每当寒山无食为继的时候，便到国清寺找拾得，两人相见十分投缘，心情畅快，甚至不顾旁人，大笑大叫，近似疯狂。临别时拾得将平日积攒下来的剩饭剩菜装到背篓里，让寒山背回寒岩。这是两人十分痛快的一次见面，也是寒山之所以能够在极其艰难的条件下继续隐居在寒岩的主要支柱，更是后来将寒山、拾得两人作为天台山和合文化化身的缘由。

寒岩隐逸与避世九遮

寒岩、明岩，适合避世隐逸。距离明岩不远的九遮山，山谷幽深，人迹罕至，纤尘不染，是隐逸之士藏身的佳所。相传在九遮的第五遮，曾是范增隐居的地方。

据说范增被项羽怀疑了以后，从很远的地方跑到这里来隐居。如今，这个地方既有范增的庙，又有范增的像，一条小溪边的岩石上面还有一处叫“亚父石船”的遗迹。传说亚父范增就是乘船在这里登陆的。

“终有烟霞约，天台作近邻。”（《送无可上人》）综观天台山的历史，与中国隐逸文化关系紧密，不论是天台县域内东部的“富隐”还是西部的“穷隐”，总之，方外与世俗，都喜欢栖隐天台山，“高蹈不出”。

在清朝的时候有一个知名的文人叫潘耒，游览天台山后发出了浩叹：“诸山不能尽台山之奇，故游台山不游诸山可也，游诸山不游台山不可也。”对天台山山水风光和人文胜迹做出了这样的高度评价。天台山上有许多神秘的文化，有刘、阮遇仙，赤城遇仙等优美的传说。故事很动人，情节很曲折，结局很凄婉，所以打动了文人学士的心灵，使他们有了很多创作的欲望。

天台山上的宗教文化对文人也具有独特的吸引力。佛教天台宗在这里发源和传播。天台山又是一个儒释道多种文化在这里共生共荣的地方，它的精神被提炼成和合文化。这种和合文化的思想，特别是在今天，在文化建设中发挥了很好的作用。

每年5月是华顶山的云锦杜鹃开得最好看的时节。已经举办了20多年的“天台山云锦杜鹃节”吸引着四面八方的游客，就像最初吸引唐代诗人那般，以美丽的景色为媒，把人们浪漫美好的幻想留在天台山。说不尽、看不厌、画不完的天台山，石梁飞瀑、华顶归云、赤城栖霞、桃源遇仙、寒岩夕照，国清寺山门苍松，桐柏宫的无为宗旨……在秀丽山水中，跟着唐诗，寻觅先贤踪影，感受这里如此丰富、悠悠不尽的文化内涵。

仙居佳山水 才子多励志

导读：这里，以其“洞天名山，屏蔽周卫，而多神仙之宅”被称为仙居，美好的名称源自怎样的传说？这里，出了台州历史上第一位进士——项斯。“平生不解藏人善，到处逢人说项斯。”屡考不中的项斯又拥有怎样的魅力，得到诗坛名家们的交口称赞？同样是在这里，有位“青云未得平行去，梦到江南身旅羁”的方干，虽然学富五车，却因相貌丑陋，终身布衣，而他的子孙卖田建学，建成“桐江书院”，竟让儒学大家朱熹都“送郎桐江上”。桐江书院的教育理念又给了我们怎样的启迪？

仙居佳山水
才子多励志

“才多不肯浪容身，老大诗章转更新。选得天台山下住，一家全作学仙人。”这是唐代诗人张籍在听说诗友辛秘要前往乐安县做县尉时的感叹。而这个让诗人张籍向往的可以“一家全作学仙人”的乐安县，就是如今浙江台州的仙居县。当年的天台也不是今天的天台县，而是台州府。仙居位于浙江东部、台州西部，是一个“八山一水一分田”的山区县，重峦叠嶂，美丽的风景吸引着无数骚人墨客。仙居，让人联想到“神仙居住的地方”，这个美丽的名字背后，又有怎样的故事呢？

北宋年间，仙居的县名叫作永安县。永安县西郭垟地方有个酿酒师傅名叫王温，酿得好酒。一天，两个衣衫褴褛、满身疥疮的年轻人来到王温酒坊前。王温关切地问其病情。二人长叹了一口气，说：“我们不知前世犯了何等罪孽，没钱医治，若能在酒缸里洗一趟酒浴，身上的疮就能痊愈了。”

王温心想家中刚好有两大缸的酒，但这是王家做生意的本钱。然而转念一想，如果不答应，就得眼看两个年轻人痛苦一辈子。想到这里，他便点头答应了下来。

第二天，王温打开酒坊大门一看，两个病人全身疥癣脱净，皮肤雪白光洁，成了英俊少年。他们笑着对王温说："你真是个名不虚传的大善人，咱们后会有期！"说罢，二人忽然不见了。

王温大吃一惊，心想：莫非遇上仙人了？回转内室，满屋奇香。舀起酒来，家人都尝了一口，顿时香透心肺，浑身轻松，双脚不觉飘飘悠悠地离开了地面，家中的鸡、狗奔来啄饮残酒，不一会儿也跟着主人飞上天了。相传，"一人得道，鸡犬升天"就源自这个故事。当然，这只是美好的传说，表达了百姓对善良的称赞，对美好生活的向往。北宋景德四年（1007），宋真宗赵恒久闻永安县"洞天名山，屏蔽周卫，而多神仙之宅"，改永安县为仙居县，仙居名称由此开始，沿用至今。美好的传说，不仅源自仙居独特的自然环境和淳朴的民风，同时也受到了唐朝诗人在挥毫泼墨间留下的文化精神的影响。

逢人说项

"一人得道，鸡犬升天"讲述了一个因为善良而获得意外之喜的故事。另外一个成语"逢人说项"，则讲述了仙居人项斯，因为高贵的品格和才情收获世代盛誉的故事。

项斯，字子迁，在考取功名的道路上，坎坎坷坷，屡试不第。会昌三年（843），项斯得知国子祭酒杨敬之颇具提携后辈之美德，便拜托人将自己的诗作带给杨敬之，以便得到他的指正。杨敬之阅后，果然大加赞赏，并约项斯前去长安。项斯谒见了杨敬之，杨敬之赠诗云："几度见诗诗总好，及观标格过于诗。平生不解藏人善，到处逢人说项斯。"杨敬之欣喜之余，逢人便说，四处推荐项斯的诗作与人品，项斯"由是显名"。这个故事，展示了文人相互尊敬的风貌。从此以后，"逢人说项"就成为文坛流传千古的一段佳话。《现代成语词典》中的"逢人说项"或"说项"解释为：比喻到处为人说好话。

项斯是台州第一位进士，也是台州第一位走向全国的诗人。在"文人相轻"的晚唐，项斯是幸运的，他遇到了懂他的伯乐，使他能够脱颖而出，享受着历史上一代代传承下来的“逢人说项”的美誉。而在同一时期，同样是在仙居，有一名学富五车、才高八斗的文人，却因为相貌丑陋，布衣终身。他就是著名的诗人方干。

身后识方干

方干，字雄飞，号玄英，出生于杭州桐庐，生活在江南一带。相传，方干5岁能吟诗，7岁能属文，小时候有神童之称。因与大人对诗时，偶得妙句，兴奋之余跌落台阶，脸有伤疤，嘴成残缺，铸成终身悔恨。

唐文宗太和六年（832），诗坛大腕姚合出任钱塘太守，方干携诗拜会，姚合见其缺唇貌丑，颇为轻慢。及至坐定阅卷大为惊叹，即刻厚礼以待，留其陪同登山临水，优游赏景。

866年，方干首度赴京参加丙戌科进士考试，成绩优异，当数魁首。只因当时唐室濒临倾圮，朝纲颓废不举，有司奏议：“干虽有才，但科名不可与缺唇人，使四夷闻之，谓中原鲜士矣。”结果落第而归。873年，浙东观察使王龟得知方干满腹经纶，拟向朝廷举荐谏官一职，之后也不了了之。而仕途失意的方干，之后也隐居到富春江畔。

台州历史上第三位进士是唐代诗人孙郃。孙郃，字希韩，仙居板桥人。孙郃少有异才，勤奋好学，当年桐庐方干才华出众，蜚声大江南北。孙郃专程前往桐庐拜见方干，方干对其极为器重，将孙郃引入家中“烹鱼煮茶，品茗言欢”。从此孙郃与方干结成了忘年之交，孙郃还拜师于方干。之后，孙郃盛情相邀，方干沿着浙东唐诗之路来访仙居。孙郃家乡仙居板桥仙境般的山水让方干留恋不已，尔后就带着家眷侨寓到板桥。故方干成为仙居板桥方氏大宗首祖，台州、温州的方氏均由此发脉。史载方干“尝过郃里，爱其山水佳秀，挈家寓焉，后世子孙遂家于此”。

《全唐诗》收录方干诗作8卷348首，保存于中国社会科学院的清代活字善本《方玄英先生诗集》共12卷，存诗370首。

清代文学家、思想家袁枚在《随园诗话》中收录了陈浦《醉后题壁》诗：“贫归故里生无计，病卧他乡死亦难。放眼古今多少恨，可怜身后识方干。”“身后识方干”已作为一条成语收入《成语词典》，比喻一个人才生前无人赏识，死后才被重视。

桐江书院

诗人方干虽然与功名无缘，但是其儒教思想根植于仙居，于是板桥村祖祖辈辈前赴后继秉承儒家精神，倾囊办学。桐江书院，为晚唐著名诗人方干的八世嫡孙方斫创办。桐江书院的前身是方家义塾，八百年前的仙居方家，居然有钱不置田产，不去崇佛，不去修仙，倒是传播儒家文化，劝人读书，这是仙居方姓家族独树一帜的旌旗。

桐江书院地处金华府通往台州府的必经之路上，淳熙八年（1181），朱熹提举浙东茶盐公事兼主管台州崇道观，主管皇粮储备以及水利与宗教。朱熹久闻方斫学富五车，借便来到桐江书院，两人相见恨晚。之后，朱熹也应邀常来桐江书院讲学，并手书“桐江书院”“鼎山堂”两匾，至今尚存。朱熹很钦佩桐江书院的学风与方斫的为人，于是便将自己儿子也托付给方斫。清光绪年间《板桥方氏宗谱》还收录了一首朱熹的《送子入板桥桐江书院勉学诗》：“当年韩愈送阿符，城南灯火秋凉初。我今送郎桐江上，柳条拂水春生鱼。汝若问儒风，云窗雪案深功夫。汝若问农事，晓烟春雨劳耕锄。阿爹望汝耀门闾，勉旃勉旃勤读书。”

诗人张籍十分羡慕辛秘成为乐安县尉，在仙人居住的地方，享受仙境生活；项斯在仙人居住的地方，用白璧无瑕的高贵人品使晚唐文坛令人耳目一新；方干居于杭州，访问诗友，见到乐安山清水秀，毫不犹豫地迁居乐安。浙东唐诗之路给这块土地孕育了高贵的人品，也为之带来了文化经典。

千年古城忆临海

导读："依山环水，固若金汤"，临海古城究竟有着怎样的地理优势？被称为"一郡游观之胜"的临海东湖又有着怎样的景观？郑虔为何被誉为"台州文化启蒙者、斯文之祖"？《明州牒》的背后更有着怎样的故事？

千年古城忆临海

依山环水 固若金汤

"南郭望归处，郡楼高卷帘。平桥低皂盖，曲岸转彤襜。"这是唐代诗人许浑在台州泛舟登岸时写下的诗句，诗句中的"南郭"指的就是位于临海市的台州府城西南濒临江岸的城郭。

走过198级台阶，即可登上现存长度超过4700米的台州府城墙。台州府城墙距今已有千年历史，沿江而起，依山而筑，雄伟秀丽，与北京八达岭可称"双绝"，人称"江南八达岭"。史书记载，台州府城墙的建造与东晋孙恩起义事件有关。晋安帝隆安三年（399），"妖贼孙恩陷会稽，内史王凝之死之"。《晋书·安帝纪》又云："元兴元年三月，临海太守辛景击孙恩，斩之。"辛景率临海郡军民据北固山之险，"凿堑据守"，占有地利，故能战胜孙恩农军，为台州府城建造历史拉开帷幕。

一郡游观之胜

府城的地势险要让其防御功能得到了极佳的发挥，紧临台州府城墙东侧的东湖就像府城的眼睛，湖光山色间掩映着重重亭台楼阁，与雄伟的揽胜门遥遥相对，为山水临海增添了色彩与灵气。

东湖分为前湖和后湖，湖中有洲渚，洲上多亭阁，古今游者在此留下许多诗词对联。位于前湖的"半勾亭"，单层六角，以六石柱擎撑水中，亭子的名字则取自亭中的对联："半成造化丹青手，勾起烟波浩荡情。"在临海东湖的湖心渚中，还修有一座"骆临海祠"，以纪念著名诗人骆宾王。

骆宾王被贬官到此为临海丞。在临海城期间，他写了一首题为《久客临海有怀》的诗，表达了他不满现状又无可奈何的心情。从他的人生经历来讲，临海城实际上是他一生仕途的最后一站。虽然仕途不得意，但他仍对临海别有一番滋味，其诗文集名为《骆临海集》。

千年台州府 满街文化人

作为一座千年古城，临海自古以来就有着崇德尚礼的文教之风，至今犹有"千年台州府，满街文化人"的佳誉。郑虔被视为"台州文化启蒙者、斯文之祖"。在他任职台州期间，以启蒙教化为己任，注重礼仪，推动了台州教育的发展。

郑虔被贬官为台州司户参军，是带有很强惩罚性的一种处置，但他来台州后付出很多精力，招收民间子弟之贤者教导之，让长安文化传播于东海之滨的台州。台州流传着"留贤"的故事与地名。传说郑虔在城里教导学生，尽心尽力，但学生的水平难以达到老师的期望，他育才心切，就以学生若不用心学习，就不教了，回长安去来"威胁"学生。郑虔果真要走了，学生急忙去追，追到城北八叠附近，追上了先生，要先生留下继续教导。郑虔说：诸生要我留下，我出个对子，诸生若是对得上来，我就留下；若是对不上来，那我就走了。诸生请老师出对，郑虔出的上联是："石压笋斜出。"学生们以"谷阴花后开"对之，其含意山谷背阳之地，花自然开得迟，蕴含着台州犹如谷阴之处，接受中原文化之风晚，人才出现迟，但只要有阳光的照耀，开花是肯定的，也就是人才肯定会涌现的。此言颇合先生之意，他便留下继续教书育人。台州人苦苦留贤，尊敬郑虔，就将此地命名为"留贤"。

对外文化输出的起航地

唐朝年间，一条浙东唐诗之路将无数文人墨客引到了江南，临海深厚的古城文化和独特的江南风光成为唐诗之路上璀璨的一站。临海之所以受到众多文人雅士的青睐，与它的地理位置也有着密切的联系。

临海是浙东水陆驿道上重要的一站，陆路北通越州、明州以至于洛阳、长安，南达温州、福州、广州；水路灵江为台州最大水流，上游北通天台，西达仙居，下游到海门（今椒江）出海，到达东洋日本、高丽、新罗、琉球诸国，甚至能到南洋（今东南亚）。就唐诗名人名家而言，就有骆宾王、沈佺期、郑虔、李白、魏万、陆淳等人，在临海山水间徜徉流连，诗歌唱和。

临海位于浙东唐诗之路的腰部，当年不仅有众多文人墨客到此游历，还有大量东洋留学僧来此求法，学习佛教天台宗教义。在今天的临海古城龙兴寺内，仍陈列着当年明州刺史、台州刺史签发给日本高僧最澄的度牒——《明州牒》的复制品。这张牒记载了日本高僧最澄经明州到天台山学佛时的经历。

唐贞元二十年（804），日本天台宗创始人最澄携带弟子兼翻译义真、从者丹福成等，从明州动身来台求法（即学习佛教天台宗教义）巡礼，在此办理手续，并在台州龙兴寺向道邃学习经典，抄写经书，后来到天台山佛陇向行满座主学习佛法。最澄回到日本后，在比睿山延历寺创立了天台宗，传播弘扬天台宗佛法，尊道邃为祖师，成为日本天台宗的创始人。

一袭山水，一座古城，一脉文化。登上古城墙，漫步古长街，品味沉淀千年的悠远与宁静。千年古城，更忆临海。

戚继光筑城抗倭

导读：台州府城为何又名“鹿城”？戚继光抗倭背后有着哪些故事？台州府城墙为何会被誉为北京八达岭长城的“师范”和“蓝本”？桃渚又有着哪些山水风光？

戚继光筑城抗倭

台州府城为何又名“鹿城”

“家在双峰兰若边，一声秋磬发孤烟。山连极浦鸟飞尽，月上青林人未眠。”这是中唐诗人顾况在临海任职时对临海风物的描述。逶迤起伏的台州府城墙、古色古香的紫阳老街、熠熠生辉的巾山古塔……位于浙江省临海市的台州府城，始建于晋，成于隋唐，北枕龙固，南接巾子，两山相峙。城依山，山傍水，水抱城，山、水、城相融。

有一个传说记载了造城过程中的艰难曲折。传说唐朝大将尉迟恭督修城墙，到北固山“百步峻”地段屡造屡倒，而工期紧迫，他很是焦急。一夜大雪纷飞，翌日早晨有一头梅花鹿飞奔而过，直至山巅，不见踪影。尉迟恭便命沿着鹿的蹄印修筑，果然城墙修到哪里就立到哪里，因此修筑工程如期竣工。为了纪念此事，就取了“鹿城”的别名。

戚继光筑城

400多年前，位于中国浙江沿海地区的台州府城，也就是今天的临海古城，来了一位将军，年纪不大，30岁光景，手下的士兵纪律严明、作战勇敢，此人正是中国明朝抗倭名将戚继光。到了台州府城之后，戚继光开始招募士兵并加以训练。那么，如何能够有效地抵御倭寇呢？戚继光认为，倭寇之所以猖獗，是因为他们常常采用流动突袭战术。对抗流动突袭战术有效的方法之一就是修筑城墙防御。

在台州府城修筑城墙，有着得天独厚的条件，因为这里原本就有前朝修筑的城墙，戚继光命人在老墙的基础上进行重修，并且还在城墙上修建了一种独特的碉楼——空心敌台。

战时，守城将士既可据空心敌台战斗，又可进行瞭望或隐蔽兵力。平时，空心敌台可供士兵休息，还可存放粮食、军械等战备物资。后来戚继光调任北京防守，就把台州筑城抗倭的经验、技术和工匠带到北京，重修长城。台州府城遂被建筑学家誉为北京八达岭长城的“师范”和“蓝本”。

花街大捷

在台州抗倭时，戚继光与倭寇展开殊死斗争，在府城及其附近取得了花街大捷，白水洋、上风岭大捷等辉煌战绩，为台州府城在抗倭战争中经受烽火考验、固若金汤做了最好的证明。

明嘉靖四十年（1561），倭寇侵犯宁海、桃渚、里浦（今三门浬浦）。本是倭寇蓄谋已久想攻破台州府城，却打着进攻宁海县城的幌子，以此调动戚家军离开府城。戚继光对唐尧臣说：“贼睥睨台州，先发宁海，欲乘我兵出，乘虚入耳。”

于是，戚继光留下一支部队于海门，居中策应，相当于预备队。然后率部赴援宁海，倭寇果然乘虚大举在台州湾两边沿海登陆。其中侵犯桃渚的一支倭寇乘虚流动到郡城外花街，距郡城不足五里，戚继光从桐岩岭驰援抵郡城下。诸将兵为争城门而喧哗叫嚷，吵成一团，倭寇进逼越来越近，戚继光说：“倭寇进逼城下，你们还在争吵入城，这样下去，我们都要死无葬身之地了！”全军幡然警醒，纷纷请战，待消灭倭寇后再吃饭。于是戚继光令丁邦彦为前锋，陈大成为右哨，陈濠、胡大受为中哨，赵记、孙廷贤为左右翼，各置监督，列阵而前，大战良久，随机应变，追至新桥（汛桥），取得花街大捷。

戚继光与“戚家军”

浙江倭患最重的是宁、绍、台三府。戚继光于嘉靖三十五年（1556）任宁绍台参将，他奏请编练新军，在义乌招募矿工、农民3000多人，“教以击刺之法，长短兵迭用”，针对倭寇流动突袭作战为主，多在浙东丘陵地带，较少大部队作战的特点，又根据“南方多薮泽，不利驰逐，乃因地形阵法，审步伐便利”，训练形成抗倭作战的主要阵式——鸳鸯阵。

此阵由十二人组成，队长一人为核心，位置最前，后面左右依次设盾牌两人（盾牌手亦即伍长），狼筅两人，长枪左右各两人，镗钯手两人，伙夫一人，类似后来军队作战编制的基本单位班，灵活机动，兵器配备攻守兼顾。设置“齐进齐退，杀一倭寇有赏，亡一战士有罚，立功共享，有罪连坐”之法，平时严格训练基本功，战时齐心协力，奋勇杀敌，作战效果明显，遂成为明朝抗倭军队中一支纪律严明、作战勇敢的劲旅，史载“由是继光一军特精”，在台州境内九战九捷，歼敌六千，人们称之为“戚家军”。

桃渚抗倭古堡

在驻守台州府城之前，戚继光曾在浙江桃渚所抵御过倭寇。明嘉靖三十八年（1559），桃渚城被几千倭寇团团围住，城内军民拼死守城，戚继光闻讯后火速赶往桃渚，经过内外夹攻，破解了桃渚城七天七夜的围困之局。

桃渚所是浙东沿海武备建设中的一处腰部，属海门卫（即台州卫）管辖，与健跳所、前所、松门所、新河所等构成台州沿海海防防线。现在这座国家重点文保单位桃渚古城是浙江省保护得最为完整的明朝抗倭古堡，是台州军民特别是戚继光在台州抗倭的历史见证。

桃渚除了沿海武备重镇身份之外，背山面海的自然环境让桃渚的风景兼有山、海之胜，宋代文天祥称之为“海山仙子国”，清代冯赓雪赞之为“风景直冠东南”。

桃渚的地质地貌是较为出众的，火山岩遍布，最为突出的有离古堡不远的石柱峰（金鸡报晓）、仙人担、武坑，以及珊瑚岩（即大火山遗迹）等。

它的土地受到海潮盐分的影响，非常适宜柑橘的种植。台州产橘是早已闻名之事，像中唐诗人武元衡《送吴侍御司马赴台州》诗云："烟林繁橘柚，云海浩波潮。"

沿着崎岖的山道，登上山上的烽火台，道旁古木参天，相传为当年戚家军将士所植。老树新枝，蓊郁苍翠，依然生机勃发。它见证过当年戚继光的雄姿英发、义乌兵的能征善战、岁月的风雨沧桑……

大运河篇

大运河（浙江段）：东南财赋地　江浙人文薮

导读：大运河，穿越2500多年历史，载着中华文明的印记，是流动的文化长廊；大运河，带来了文化的交融，城市的兴起，是活跃的南北动脉。在中国的历史上，大运河为两岸居民带来了怎样的文化生活？因为大运河，文化艺术又呈现出怎样的特色？

大运河（浙江段）：东南财赋地　江浙人文薮

“东南财赋地，江浙人文薮。”这句古诗文闻名遐迩，没有人怀疑它的真实性。江浙农业采取精耕细作的生产方式，又重视运河水利网的建设，粮食亩产和总产量都高于其他地区，因此成为漕粮的主要供应区。沈括在《梦溪笔谈》中说，岁运司供应京师米粮以600万石为额度，两浙路就交了150万石，相当于占了全国的四分之一。除了稻米以外，两浙路的蚕丝业、渔业以及手工业等行业，也成为当时全国的中心，无数的绢、绸、绫、绵作为赋税源源不断地通过运河流向京都。仅以熙宁十年（1077）为例，杭州的商税高达183800余贯，远超江南其他大都市，甚至还超过了首都汴京，杭州商业的繁盛由此可见一斑。范仲淹曾盛赞两浙“膏腴千里”“财赋为天下之最”，是名副其实的国家粮仓。

隋炀帝时期，开凿了隋唐大运河，打通了南北两地之间的联系，在带来沿岸经济繁荣的同时，还吸引了无数文人雅士，载酒扬帆，沿着运河来到富庶的南方，他们踏歌而行，将自己的壮志豪情、笔墨丹青挥洒在这片古代的繁华都市里。

浙东运河，俗称南运河，是京杭大运河的南延、海上丝绸之路南起的始端。它西起钱塘江古渡口——西兴镇，流经萧山、绍兴、上虞、余姚、宁波，在镇海城南注入东海。全长250多千米，是浙江东部的一条交通大动脉。西兴是浙东运河古老的起点。当年的西兴镇是钱塘江边的一个繁华商埠，浙东平原的物产通过西兴古渡口入钱塘江，运往京都。来自日本、高丽、中东和东南亚各国的使臣也从宁波上岸，改乘内河船只，也是在这里入钱塘江，去京都觐见中国皇帝。西兴还留下了古代诗人壮游的足迹，见证着他们的喜怒哀乐，也记载着他们的羁旅情愁，有关西兴的诗词简直数不胜数。过西兴，沿着浙东运河，更走入了一条唐诗之路，诗情画意，应接不暇。

“春路逶迤花柳前，孤舟晚泊就人烟。东山白云不可见，西陵江月夜娟娟。”（《春日留别》）告别钱塘江边的西兴，唐代诗人们沿着浙东运河一路南下，寻觅越中山水，鉴湖推篷，耶溪泛舟，或探幽访胜，或寄情山水，或问道论学。其实，在古代文学发展的过程中，大运河起着至关重要的作用。

江南水乡映照下的宋词特色

随着南宋王朝的建立，一种新的文学体裁也走向了巅峰。宋词，是中华文化艺术的瑰宝，正是在南宋时期从内容、形式、风格上全面走向成熟并进入鼎盛阶段。南宋词的繁荣兴盛与当时其他的文化艺术一样，颇得益于南迁人口或外来人口。例如，著名的婉约词人李清照，原是山东人，南渡之后把亡国之痛与身世之感融合在一起，词风婉约之中带有苍凉沉郁。又如，南宋词的代表姜夔，原是江西人，词风清刚骚雅；另一位代表词人张炎，祖籍甘肃，词风清空疏淡。姜夔、张炎并称姜张，他们这一派代表着南宋词特有的清空、骚雅的词风，被清代朱彝尊的浙西词派所继承，从而领起清词的全面复兴。

“听风听雨过清明，愁草瘗花铭。”（《风入松》）“长记曾携手处，千树压、西湖寒碧。”（《暗香》）“想佩环、月夜归来，化作此花幽独。”（《疏影》）词相对于诗来说，是更年轻的艺术。词有着比诗更为优美错落的句式，更为动听婉转的声律，有着独具一格的审美特性。尤其是南宋词，比诗更具江南水性，更轻灵悠游，更年轻浪漫，更绮丽多姿。

大运河带来“俗”文化

到了元代，工匠们用经年累月的裁弯取直工程，终于将杭州与大都直接连接。京杭大运河全线贯通，北方大批杂剧作家纷纷南下。

关汉卿游历杭州，写下了著名的散曲《一枝花·杭州景》，“看了这壁，觑了那壁，纵有丹青下不得笔”，在美丽的西湖山水间流连忘返。马致远、尚仲贤、戴善夫等人曾驻足江南地区，出任江浙行省官员，他们的很多作品都是在南方撰写并流传的，《天净沙·秋思》里描写的“小桥流水人家”，是典型的江南景物。郑光祖、乔吉、秦简夫等更是定居江浙，“冬前冬后几村庄，溪北溪南两履霜，树头树底孤山上”，在西湖孤山追寻林和靖遗风，寻梅寻得不亦乐乎。

元代北曲杂剧南下，与原先在浙江土生土长的南戏打了个照面。为了不败下阵来，杭州人沈和大胆地进行了戏曲改革，把北曲引入南戏之中，创造出“南北合套”的新结构。明代高明的《琵琶记》、清代洪昇的《长生殿》，都是南曲、北曲并用的，都在那个时代独领风骚。《长生殿》还与北方孔尚任的《桃花扇》一起，不仅是清代戏曲的“双璧”，还代表着中国古代戏曲的最高成就。明代的徐文长是浙东人叛逆精神的代表，他的《四声猿》冲破了陈腐的封建伦理说教，大胆歌颂人的情欲、男女平等，标志着明代杂剧在思想内容上的根本转变。运河带来的不仅是文化形式的创新和发展，还推动了文化走入寻常百姓家，形成一种市民化、世俗化和市场化的发展。

运河给予社会、经济、文化、教育、艺术等的滋养是多方面的。高门大户的子弟，通过运河进京赶考，博取功名利禄，明清两代江浙的进士人数高居榜首。走着正统路子的读书人，每每都写着正统的、雅的诗文。但是繁荣的运河沿线城市，又催生出一种“俗”的、有生气的市民文化，比如自宋元话本一路下来的明清通俗小说。据统计，明清两代，有80%左右的小说出自运河流域作家之手，其中就包括四大名著，以及“三言”“二拍”及《聊斋志异》《儒林外史》等。这些小说的作者，要么生长在运河城市，要么有过运河城市生活的经历。“三言”“二拍”里的明代故事，有许多与京杭大运河有着密切的关系，设定在浙江的就有十几篇之多。这些小说，面向下层市民阅读群体，将运河交通、运河城市经济与运河市民商业生活容纳进作品中，写俗情俗性，构成了有别于传统士大夫诗文的“俗文学”序列，在中国文学史上焕发出别样的异彩。

如今，大运河带来的文化交融和发展，已经模糊了地域的概念。只是在历史的某个瞬间，人们可能会回忆起，曾经因为一方水土诞生的一份文化牵挂。

吴越文化的记忆刻印在历代诗文、典故中，不经意间就会从运河的水光中映照出来。例如，《世说新语》里记载，晋代文学家张翰在洛阳做官，某一天见秋风起，突然思念起吴中的莼菜羹、鲈鱼脍来，心想“人生贵在适意，何必长年累月飘荡在数千里之外去谋取个功名爵位呢”，于是脑子一转挂冠回家了。饮食文化的记忆总是会深深地刻印在每一个人的记忆里，饭稻羹鱼是江浙人最原始的饮食文化记忆，因此“莼鲈之思”也在历代的诗文中沉淀为一个永久的典故，它通过运河长长的客旅，摇荡为一种古老的思乡之情。

大运河，促进了文化的交融与创新，它曾带来的故事，如今依然在运河两岸传播。保护大运河，活化大运河，中国的运河故事正在以更加丰富的形式走进百姓的日常生活，走向世界，一代又一代的人在触碰了运河里流淌的中华文化之后，用虔诚、敬畏的心，坚守、传承、传播着运河文化。

大运河(浙江段):流淌的文化

导读:中国大运河,这个承载着伟大抱负的超级工程,为中华文明带来了什么?如今,中国的运河故事正以怎样的形式走进百姓的日常生活,走向世界?

大运河(浙江段):流淌的文化

遇见大运河

2014年6月22日,在卡塔尔首都多哈召开的第38届世界遗产大会会议现场,中国大运河项目正式通过审议被列入《世界遗产名录》,成为中国第46个世界遗产项目。

千百年来,中国大运河一直是我国古代重要的漕运通道和政治经济命脉,从历史上的“南粮北运”“盐运”通道,到现在的“北煤南运”与“南水北调”干线,以及防洪灌溉干流,这条沟通南北的古老水运通道,对国家的统一、经济的繁荣、文化的融合,以及国际交往都发挥了非常重要的作用。如歌岁月积淀出形态丰富的大运河文化,包含物质文化遗产、非物质文化遗产及自然文化遗产,这些在古代的浙江区域以及现在的浙江省境内,都有着异常丰富和生动的体现。

2014年4月的一天,在杭州歌剧舞剧院的排练场,一群普通的杭州市民提前感受了一次与众不同的表演,没有灯光,没有舞美,没有华丽的舞台服装,但演员们的表演深深地打动了现场观众。这一次面对市民代表的非正式演出,也是舞蹈剧场《遇见大运河》的首次亮相。创作者们希望能够将创作理念最直接地传递给观众,这中间有对生命的尊重、对自然的敬畏以及对历史的追忆。

剧中男主角象征着创作《遇见大运河》的一位探寻大运河厚重历史的现代

人，代表着现在的我们；女主角则是一滴水，代表着运河的千年历史。正是这一滴水，汇聚成了运河。男女主角的相知相恋，则生动展示了人与自然、当今社会与文化遗产保护之间的相互依存。

未完的工程

2014年6月，中国大运河项目正式通过审议被列入《世界遗产名录》，成为中国第46个世界遗产项目。不同于古建筑、古遗址的申遗，大运河是仍在使用的"活态线性文化遗产"，对这类项目申请世界文化遗产，在中国尚属首次。其实，早在我国申报长城等第一批世界文化遗产时，不少人就提出了"大运河申遗"的建议。但当时普遍的观点认为，文物是固定的，运河是流动的；而且大运河有些河段已经干涸，部分河段污染严重，一些河道也已改变。因此，大运河不适合申报世界遗产。

这就是大运河真实的过去。它曾经波澜壮阔，又经历了默默无闻的岁月，也正如舞蹈剧场《遇见大运河》向我们展示的一样，这条河流经历了开凿、繁荣和遗忘。今天我们又见大运河，看到了对历史充满敬畏之心的现代人，也捕捉到了大运河之魂——那一滴晶莹的水。当看到大运河从被污染的阴霾中走出，重新焕发生机时，这一部由生命、泥土和水堆砌起来的运河故事，定格在了人们的内心深处，也表达了对大运河现实命运的思考，文化遗产就是人与自然共同完成的杰作。

流淌的文化

今天，中国的运河进入国际视野的样子，或许是现代艺术家的表达。回溯往事，中国大运河在西方人的眼里是感性的、生动的，也是直接的。在中国人绘制的地图传入欧洲之前，欧洲人对于中国的了解几乎都源自《马可·波罗游记》。

意大利旅行家马可·波罗在中国任职17年，曾做过3年扬州路总管，又曾作为钦差大臣巡察江浙行省等。马可·波罗于至元二十八年（1291）回国，后在威尼斯与热那亚的战争中被俘，于狱中口述东方见闻，由同狱的鲁思蒂谦笔录纂为《马可·波罗游记》，在欧洲产生巨大影响。马可·波罗在书中盛赞杭州是“天城”，称到杭州仿佛置身天堂，满是赏心乐事。他描述杭州城外一面有一个淡水湖泊，另一面有一条大江，城内街道和运河十分宽大，又有360座桥，居民可由陆路或河渠相往来。还有10个露天大市场，农业、手工业和服务业产品十分丰富。大市场每周举行3天集市，前来赶集的人多达四五万。

明代中后期朝鲜人崔溥曾在他的《漂海录》中留下对运河沿岸城镇面貌的描述。他感慨杭州是这样一个繁华的所在：“东南一都会。接屋连廊，连衽成帷，市积金银，人拥锦绣，蛮樯海舶，栉立街衢，酒帘歌楼，咫尺相望，四时有不谢之花，八节有常绿之景，真所谓别作天地也。”

随着历史的越加久远，人们以各种方式记录下的中国运河，成了珍贵的历史资料与文化遗产。这是中国大运河的幸运，而它的命运又总是会牵动大河两岸的人们，以及中国、世界的关切目光。我们回望过去，也在关注未来。遇见大运河的我们，也正在和世界一起发现、认识这条活着的、流动着的文化遗产。

大运河（浙江段）：南来北往 传承古今

导读：大运河是如何促进经济的发展、社会的变革的？什么是漕运？古代中国又是如何保障漕运的高效运转的？

大运河（浙江段）：
南来北往 传承古今

千年漕运

这些用粽叶包裹着的，散发着清香的粽子，这些热气腾腾的年糕，这一粒粒沾着田野露水的稻米，在封闭的空间里被发酵，变成了另一种香气弥漫的美味。这就是历代帝王很看重的东西——江南的稻米。江南，是水稻的发源地，这里的水稻种植历史悠久。今天，人们用稻米创造着舌尖上的文明。而在古代，一个国家如果没有足够的粮食储备，将直接影响这个国家的生死存亡。

自唐中期以后，基本经济区开始发生转移，从之前黄河中游的关中、中原地区逐渐转移到长江中下游地区，南方粮食的生产开始超越北方，尤其是稻米的生产主要集中在南方。经济中心的南移，直接导致政治中心和经济中心发生了分离。自此以后，除了个别偏安或割据的政权以外，各王朝的首都和政治中心仍旧在北方，而经济中心和商业中心却开始转移到南方，北方的城市尤其是首都，都存在大规模的、从事非农业生产的人口，包括庞大的皇室贵族、官僚、军队人口以及从事工商业的市民阶层，他们生活所需的粮食，主要靠南方生产的粮食供给。那么南方生产的粮食又怎么才能送达北方呢？就是靠这条运河进行输送，这就是通常所说的“漕运”。

南来北往

盛唐时期发生的“安史之乱”，使北方经济受到了毁灭性的打击，中国的经济重心自此悄然南移。然而，政治与军事的重心，由于地理与国防的关系，仍旧留在北方。从某种程度上说，战争拼的就是一个国家的后勤保障能力，尤其是兵马必需的粮草。对于中国历代皇帝来说，盛产稻米的江南地区无疑是最好的征粮地。国家经济命脉依赖漕运，已成定局。而这些从江南收上来的粮食，有一个专门的称呼——漕粮。

在运河漕运非常发达的浙江，来自浙江各地区的稻米经过筛选、分等、定级之后，被源源不断地运往北方地区。在中国京杭大运河博物馆内，收藏着许多与运河漕运有关的文物。

比如清代的官斛，这种木制锥形器皿就是当时政府向百姓收粮用的一种计量工具，百姓交粮时将米由船舱内取出用斛量，叫“起米过斛”。一斛相当于五斗，约合今制35.8千克。运河漕运在经过历代的发展之后，到了清代已经形成了十分严密、精准的制度，这个官斛就是一个明证。

运河漕运最集中的时间是在夏季到秋季这一段时间，在最繁忙的时候，尤其是在过一些船闸的时候，船队往往是要排队的，如今运河上忙的时候也要排队，因此跟现在一样要进行管制。那么，怎么管制呢？漕船享有优先通过权，而且漕船基本上都是大船，也就是说到那时，所有的商船都要暂时靠边，让漕船先过。

传承古今

中国大运河申遗，其中一个重要的原因，就是她见证了漕运这一文化传统，见证了中国历代王朝是如何通过修建、维护大运河河道、水利设施以及运输储存设施，同时制定与之配套的相应管理体系，从而保证了通过大运河进行持续、畅通的粮食、物资运输，实现全国资源的调配的：数以千万吨计的漕粮，国家重要的专卖物资——食盐，精致的官窑瓷器、江南织物……都从遥远的江南，沿着运河运往北方。漕运的发达也使大量货物、人流聚集在运河沿岸，缔造了大运河沿岸经济和文化的繁荣。

中国大运河拥有无与伦比的时间与空间跨度，拥有无数的码头、船闸、桥梁、堤坝，漫长河道沿岸的衙署、粮仓、会馆。这条由物质与非物质文化共同构成的雄浑大河，是至今仍在使用的“活态线性文化遗产”。

在运河的河道上，被记住的也许只有吴王夫差、秦始皇、隋炀帝这样的帝王，而运河上普普通通的跑船人，也同样存在于历史的长河中。今天，运河上的跑船人，依然像过去一样辛劳而平凡，他们奔走在运河沿岸的各个码头，装货、卸货、等待、航行，日复一日。

从某种程度上来说，运河船民是大运河“活态文化”的传承者，同样也见证着大运河的历史变迁。清乾隆十六年（1751）正月十三，乾隆皇帝率领皇后嫔妃、随从大臣、侍卫人员等共计2000多人，浩浩荡荡从北京出发，开始了第一次南巡之旅。按照既定路线，乾隆皇帝渡黄河后乘船沿着大运河一路南下，最终将抵达杭州。当年3月，运河之上，南巡的队伍千船随扈、御舟逐波，乾隆皇帝凭栏临风、心情大好，这时他远远地看见前面有一座石拱桥，这座桥就是位于杭州的拱宸桥。在老杭州人的回忆里，拱宸桥附近一直是繁荣喧闹的模样，浙江麻纺织厂、杭州丝绸印染联合厂、杭州第一棉纺织厂等工厂都曾经云集于此。可是就在20世纪90年代以后，随着杭州产业结构的调整和工业企业的外迁，这些老厂区逐步走向衰落，拱宸桥附近的区域一时成了棚户区。经过十几年的改造，如今旧厂房转身为博物馆、手工艺活态馆，历史在这里沉淀、延续，保存在人们的记忆里。曾经的重工业园区，蜕变成文创基地，用另一种方式焕发生命力。

大运河一直延续在我们的生活中，它让我们感到时光的流逝，也让我们感受到了激情与力量在大运河两岸积蓄生长。无论是过去还是将来，继承传统、谱写未来，始终是南来北往的大运河呈现出的动人主题。

大运河(杭州段):运河遗韵

导读:在杭州一直有着“一座拱宸桥,半部杭州史”的说法,那么,拱宸桥的背后究竟有着怎样的故事?运河岸边的粮仓,又发挥着怎样的作用?为什么地处钱塘江南岸的西兴古镇会成为大运河的物流中转站?

大运河(杭州段):运河遗韵

一座拱宸桥 半部杭州史

沿着一级级青石板台阶走上拱宸桥,放眼望去,河面上依旧是百舸争流,南来北往的各色船舶川流不息。这条河流,经历过无数的人、无数艘船只、无数种生活、无数个故事。历史和现实交织在一起,我们在历史中探究,在现实里感受,关于大运河的故事。“一座拱宸桥,半部杭州史”,作为杭州水路的“北大门”,

拱宸桥

拱宸桥对于杭州不仅是一座单纯联系两岸交通的石桥，还是一座文化长廊，承载着杭州人特别的记忆与情感。遥想当年康熙、乾隆二帝南巡杭州时的盛景，庞大的龙船船队就是从这座桥下进入杭城的。这里曾是漕运南粮北运的交通要道和货物北贩南鬻的繁华商埠，络绎不绝的商船满载着各色物产和商品，从这里一路南下北上。这里也是杭州人生活情感的重要坐标，桥的里面是飘着乡音的家园和故土，外面则是一片闯荡的天地，石桥承载了多少杭州人离乡闯荡的踌躇与离别，以及游子归来的兴奋与喜悦。

清末杭州藏书家丁丙曾有诗云："卅丈环桥首拱宸，追怀摸石动酸呻。叮咛去楫来桡客，慎守金缄效吉人。"这表达了对古桥追怀的文人情愫。杭州还有句老话："城隍山上看火烧，拱宸桥头乘风凉。"这道出了老百姓对拱宸桥的喜爱。漫步拱宸桥，桥上往来的行人或是安步以渡，或是驻足赏景；桥下的河水则是一如既往地静静流淌，历史的故事也就此徐徐展开。

天下粮仓

历史上，中国古人修建运河重要的用途之一就是运输漕粮，所以运河也俗称漕河。浙江杭州地处京杭大运河最南端，自古就是富庶之地。这里盛产的粮食通过这条大运河被源源不断地运往京师。自古以来，粮食问题都关系着一个朝代的生死存亡。《礼记·王制》中说，国无九年之蓄曰"不足"，无六年之蓄曰"急"，无三年之蓄曰"国非其国也"。隋炀帝之所以要开凿这条大运河，一个很重要的客观原因就是在建都长安（今陕西西安）之后，由于当时长安、洛阳东西两京的人口剧增，关中及中原地区周边自身所生产的粮食已远远不够用，必须要从富庶的江南调运粮食才能维持王朝的运转，漕运便由此诞生。

大运河（杭州段）漕运非常发达，码头林立，来自江南地区的稻米经过筛选、分等、定级之后，会源源不断地运往北方地区。中国京杭大运河博物馆里收藏着许多与运河漕运有关的文物。例如，验谷器看上去很小巧，用处却很大。验收稻米要一看二闻三验，把稻谷放在里面一碾可以把壳剥掉，就能直观地看出大米是新米还是旧米及成色好坏等，从而对谷物进行分等、定级。

漕运的作用非同小可，因为运量的需要，杭州运河边曾经到处都是漕运码头和粮仓。早在南朝时期，杭州就建有钱塘仓，这是当时重要的三大粮仓之一。南宋时期还建有丰储西仓、端平仓等，此时的仓储制度已经相当健全和完善。到了明代，杭州的粮仓大多由德高望重的长者进行管理，所以又被称为老人仓。清代时，杭州仓储更加发达。然而，随着朝代的更迭和时代的变迁，曾经在漫长漕运历史上星罗棋布的历代粮仓，现如今都已经鲜见踪迹了。

始建于清代光绪年间的富义仓，和北京的南新仓一起被誉为“最后的天下粮仓”。富义仓坐北朝南，占地面积约3000平方米，可以容纳四五万担粮食。富义仓南门门口是个埠头，以前粮食从河埠头运来后直接装到富义仓里。富义仓建在运河边，方便运输，但是南方城市潮湿多雨，如何防潮、防霉就成了一门学问。据专家介绍，富义仓内储存的粮食是稻谷而不是大米，稻谷有壳，对虫霉湿热有一定的抵御作用。站在室外往富义仓内张望，室内地面很高，高出室外地面60厘米，能起到防潮的作用。富义仓的建造充分展现了中国古人的智慧。

繁忙的物流中转站

清代的乾隆皇帝一生六下江南，非常关心运河漕运情况。乾隆时期负责漕运的总督位高权重，有亲辖的武装部队，还有水师营，粮食运输过程中如果出现重要情况，可以随时向皇帝报告。

《康熙南巡图·第九卷》中有一个片段，运河之上帆船林立，人潮涌动，热闹非凡。它描绘的是杭州西兴古镇商贸繁荣的景象。在没有公路、铁路运输的中国古代，物资运输绝大部分要靠水路。杭州附近的西兴古镇可以称得上运河上的物流中心，货物在这里通过挑夫运货，再换船、换河继续航行。西兴过塘行在清代时达到鼎盛，西兴不仅成为物流中心，也成为名震江南的货物集散中心。因为过塘行生意红火，街上其他生意也应运而生。河岸边药店、酒作坊、酱园店、肉店等一应俱全。过塘行的任务就是把这东南富庶地区的物资转运到钱塘江以北，再运到京杭大运河沿线的城市。过塘行成为整个运河大动脉上的重要关节。

在这赫赫有名的“黄金水道”上，曾有“千艘万舳”驶过。来自天南地北的船只，不仅沟通了货物与人员，还为杭州带来了数不尽的富贵与繁华。千载已过，古老而又新生的运河，已经是杭城人生活中一道不可或缺的历史风景，流淌的仍然是世代相传、生生不息的血脉。

大运河（杭州段）：融通古今 两岸繁华

导读：杭州是大运河沿岸非常重要的城市之一。那么，一条河又是如何成就一座城的繁荣的？

大运河（杭州段）：
融通古今 两岸繁华

两岸繁华

在中国京杭大运河博物馆里，一幅巨幅的壁画正无声地讲述着大运河昔日的故事。拱宸桥边，一群人正兴高采烈地舞着龙灯，运河上一场精彩的赛龙舟活动即将上演，龙舟上的船夫们撑起长篙蓄势待发，鼓手们则高高扬起手中的棒槌，即将敲响奋进的战鼓，仿佛都能听到他们卖力的击鼓声。运河里货船往来穿梭，沿岸房屋栉比相邻，人头攒动，一派繁华景象。

1138年，南宋正式以临安为“行在所”。宋高宗赵构最终选择定都临安，其中一个很重要的原因就是这里运河畅通、水上运输能力极强，它需要什么，通过运河的水路网就可以很快送达。同时，大运河（杭州段）有着得天独厚的地理位置，既是京杭大运河的南方终点，也是浙东运河的起点。南宋定都临安之后，赵构积极发展运河经济和拓展海上贸易，鼓励官员招商引资，对于来临安做生意的外商给予优厚待遇，对招商引资得力的官员予以重奖，加官晋爵。在宋高宗赵构的推动下，当地经济迅速发展，城内水道纵横，沿河码头、桥梁林立，形成了很多大大小小的商圈。比如江涨桥附近是鱼码头，黑桥旁边是米码头等，白天充满节奏的挑担声、小贩卖力的吆喝声不绝于耳，河上船只帆樯云集，岸上人们摩肩接踵。到了夜晚，暮色四合，星罗棋布的货船仍然布满整个河面，与岸边的白墙灰瓦相映成趣。同时，从各处转运而来的丰富物产，都由杭州集散，走浙东运河，经绍兴到宁波，再从宁波转海运，通过著名的海上丝绸之路，将中国特产的陶瓷、丝绸、茶叶等物产源源不断地运往海外。

黄金水道

南宋时，大运河（杭州段）成为当时最为繁忙的黄金水道。依托运河，南宋都城经济的繁荣，不仅超越前代，呈现出现代化的繁荣，而且位居世界前列。当时临安手工作坊林立，产有各种日用商品，尤其是丝织业的织造技艺精良，能生产出许多精巧名贵的丝织品，享誉海内外。据《武林旧事》等史书记载，南宋杭州的商业共有440行，各种商品交易繁盛，万物所聚，应有尽有。中国京杭大运河博物馆就藏有当时运河遗址出土的南宋银锭、铁剪刀，还有大量的宋代铁钱，都是那个时代商贸繁荣的历史见证。

大运河成为南北交流的重要通道，贸易格局的改变加速了财富的流通，财富的流通又催生了新的财富，财富在运河两岸以惊人的速度进行积聚。连北宋开国皇帝赵匡胤也曾感慨：天下的财富十之六七来自运河。在他的眼里，这就是一条财富之河。元明清时期，杭州的政治地位下降，但经济功能更加突出，从这个角度来看，杭州因运河而兴。而且不光是杭州这座城市，运河还带动了杭州周边一些市镇的发展。

在杭州北部，有一个叫作塘栖的古镇，走进古镇运河两岸，明清民居保存完好，石砌的码头堤岸古色古香，充满浓郁的水乡韵味。据清光绪《唐栖志》记载：“迨元以后，河开矣，桥筑矣，市聚矣。”“自嘉、秀而来者，亦至此而泊宿，水陆辐辏，商家鳞集，临河两岸，市肆萃焉。”塘栖镇上的街面沿河而建，落成在屋檐里面，俗称“过街楼”，这是给那些从水路而来的客商们进行小憩所提供的便利。

融通古今

南宋时期，畅通的大运河为王朝带来了丰厚的财富，以支撑军事的防御和政治的稳固。到了元代，在大运河的滋润下，杭州的商贸依然繁荣，意大利旅行家马可·波罗就曾沿运河来到杭州，看到运河两岸商贾云集、百货登市，不禁盛赞杭州是“世界上最美丽华贵之天城”。进入明清以后，大运河（杭州段）更是承担着重要的漕运功能，富庶的南方将所产的粮食通过运河源源不断地运往北方的京师。清代的康熙、乾隆二帝都曾经沿运河六下江南，且都来到杭州，对这里的人文荟萃、经济繁荣赞不绝口。同时，繁荣的大运河贸易也促进了各地的人员往来和文化交流。

在中国历史上，运河不仅在繁荣经济方面发挥着重要作用，而且在兵荒马乱的战争时期还具有重要的战略意义。当国家动荡、政局不稳的时候，大运河一直都是战争双方争夺的战略要地。因为谁都明白，只要控制住运河，就意味着控制住了整个国家的政治、经济命脉。大运河的粼粼波光里，不仅映照着过往岁月的繁荣辉煌，还有危急时刻的金戈铁马。

时至今日，大运河（杭州段）依然生生不息、生机勃发，一如既往地发挥着航运、灌溉、排涝等多种功能。大运河融通古今、生生不息的生命力令人惊叹！

大运河（杭州段）：奔流不息　文脉常新

导读：老底子的杭州有着怎样的故事？如今，人们又是如何保护、传承和利用大运河文化的呢？

大运河（杭州段）：
奔流不息　文脉常新

运河风情入画来

老码头、运米的骡子、玩耍的孩子、桥上寒暄的居民……原画长达12米的《十里银湖墅》正静静地向人们展现着几十年前，蕴藏着杭州南宋遗风的运河风情。运河岸边的老房子、街巷里弄，是每个“老杭州”看惯了的风景，更是杭州画家吴理人40多年来成千上万幅画作的灵感所在。

像许多杭州人一样，吴理人对运河的感情仿佛是与生俱来的，他一直把运河作为自己表现的题材。这条至今仍生机勃勃的运河，总能给他的创作带来一些灵感。《十里银湖墅》是吴理人20多年来，走访上千名老人和考证大量书籍，一笔笔画出来的长卷。它集历史、文化、艺术于一身，书写了一段杭州民俗史。

默默流淌着的大运河，赋予了杭州这座“天堂之城”别样的韵味。入选《世界遗产名录》的中国大运河项目，它深厚的文化也蕴藏在百姓的日常生活中。吴理人从20多岁开始就以运河边的生活百态作为写生对象，很多民俗风情今时今日都已消失，但在吴理人的画作中被保存了下来。40多年间，吴理人走进杭州的街巷里弄，循着大运河沿线，绘就了上万幅作品。

如今，吴理人还是运河文化公益促进会的文化志愿者之一。他与高校师生一起为“老杭州”们整理口述史。他将工作室办在了中国京杭大运河博物馆，现场作画，义务为游客讲解运河文化。他一边教孩子们画画，一边和他们讲述爷爷奶奶辈的故事。2007年，吴理人带领着团队，沿大运河一路北上实地考察写生，耗费一年多时间创作《京杭大运河民俗风情全景图》，勾勒运河风情古韵，重现历史遗珠。在中国大运河项目入选《世界遗产名录》的当天，吴理人又即刻创作了《拱墅自古繁华》。

水与城

行走于大运河（杭州段），寻常市井里，一枝一叶总关运河情深。运河岸边的桥西历史文化街区见证着运河沿岸的过往岁月，浓缩了从晚清以来近代杭州百余年民族工业发展史。这里，既有原住民，也有创业者；既有历史文化底蕴，又有现代生活的时尚与文艺。历史与现代交相辉映，文化与生活相得益彰。改造之后的桥西历史文化街区，成了休闲旅游风情区、非物质文化遗产展示区和文化创意产业集聚区。坐落在桥西历史文化街区的中国刀剪剑博物馆、中国扇博物馆、中国伞博物馆、中国杭州工艺美术博物馆4个博物馆，就是由杭一棉通益公纱厂、杭州土特产公司桥西仓库、红雷丝织厂等老厂房、仓库改建而成的。这种在老厂房、仓库建立博物馆的方式，既保护了杭州老字号，又保护了杭州的工业遗产。

大运河还是杭州的重要生态绿廊，同时又是主城区水位最低的地表河流，生态治理压力非常大。在中国大运河世界文化遗产沿线20多个城市中，杭州率先启动遗产保护与利用标准化试点工作，制定杭州大运河世界文化遗产保护标准，并首个正式实施地方性运河遗产保护法规。通过实施运河综合保护工程，杭州运河边累计搬迁污染企业500余家。2007年之后，随着三堡口门引配水工程的启动，大运河（杭州段）水质有了质的变化。在“五水共治”决策部署下，大运河（杭州段）建立了完善的四级“河长”体系，运河水生态环境得到明显改善。

倾听大河的“脉动”

一条大运河，两岸戏曲声。从2019年5月底开始，杭州举行首届大运河戏曲节，摆开了整整1个月的戏曲文化盛宴。河北梆子、山东吕剧、淮安淮剧、无锡锡剧，大运河沿线各地的代表性剧种同台亮相。戏曲界有着“水路即戏路”的说法，千年古运河，是奔流千里的水路，也是传唱千年的戏路。许多重要的戏曲活动，都曾与它关联。有人感叹，传统戏曲剧目的常演常新，百姓文化基础的深厚扎实，都让“水路即戏路”的表述从历史的纸面上“活”了起来。

在杭州拱墅区运河天地广场上，摆放着70架钢琴，中国大运河·杭州形象大使、钢琴演奏者郎朗携手8位国际级钢琴艺术家、教育家以及杭州的钢琴爱好者同台弹奏《我爱你中国》。音乐是无国界的艺术语言，而大运河正式进入国际的视野，要从2014年6月说起。那年，中国大运河项目成功入选《世界遗产名录》，成为中国第46个世界遗产项目。中国的大运河，也是世界的大运河。与其他单一古建筑、古遗址的保护不同，大运河是仍在流淌的、仍在使用的“活态线性文化遗产”，更需要活化的保护、传承和利用。2021年2月印发的《大运河文化保护传承利用规划纲要》提出，要深入挖掘和丰富大运河文化内涵，充分展现大运河遗存承载的文化，活化大运河流淌伴生的文化，弘扬大运河历史凝练的文化。

千里运河，流淌千年，给杭州带来了财富融通和文化汇集，也让这座城市散发着独具魅力的人文气质。这片土地既承载了过去，也将书写未来。

2019 中国（杭州）大运河国际钢琴艺术节暨郎朗杯钢琴大赛现场（航拍图）

大运河（宁波段）：河海之城

导读：中国大运河，当它一路向东，与海洋相遇时，河与海会碰撞出怎样的火花？河与海、人工与自然的矛盾又如何被人们巧妙化解？

大运河（宁波段）：河海之城

宁波三江口，姚江、奉化江和甬江的交汇处，这里车水马龙，人来人往，往西是海曙区的东门口、天一广场，商铺林立；往东是鄞州区滨江风情走廊，风景旖旎；位于西北的老外滩，外国领事馆、天主教堂、银行、码头在那里一字排开，讲述着往日的繁华。今天的三江口是宁波的城市中心，是新时代宁波城市形象的亮丽名片；千年前，这里同样热闹非凡，但不同的是，当时的三江口停满船舶，桅樯林立，千帆待发。

在很长一段时间里，杭州是京杭大运河的最南端成了大多数国人的印象，但历史总是出人意料——在京杭大运河贯通的时候，从杭州到宁波这一段水系，也就是浙东运河，就已经参与到航运体系中去了。

今天，宁波最为热闹的中山西路北侧，保存着一处元代建筑遗址。10多年前，这块地皮曾划给一个高级地产项目，但在项目开工前的例行文物勘察中，一座布局完整的元代建筑遗址被发现。据《元至正续志》记载，元代时，这里曾是宁波衙署的仓储机构，名为永丰库。它是专门用于存放罚没物品以及负责税收的场所。

永丰库遗址中出土的瓷器有很多被保存在宁波博物馆，它们来自江南和中原地区的著名窑口。瓷器质量重，受颠簸后易碎。对于瓷器的运输，中国古人非常清楚船运要远比路上运输来得更为安全和稳妥，而且运费也相对低廉。因此，

永丰库

南方窑口的瓷器大多经由宁波借大运河北上，而北方窑口的瓷器也同样经由大运河运抵宁波。

当然，大运河贯通的1000多年时间里，宁波发挥的作用远不止如此。杭州师范大学人文学院历史系副教授余清良研究发现，沿当时的运河一直北上，包括天津港在内，这一路都少有能与内河对接的港口。我们知道，货物运输过程中频繁装卸货物会导致运输成本上升以及额外的损耗，如果海港能够与内河对接，就能在一定程度上减少装卸货物的成本与损耗。在这种条件下，宁波港连接江海的特殊位置成了它得天独厚的优势——“宁波港毫无疑问是海上丝绸之路的一个重要（港口），在运河文化时代或者运河时代里，它是海上丝绸之路的一个重要节点”。

在宁波，通海称江，通江谓河，江与河的区别在于江有潮汐，在没有人为干涉的条件下，江水涨退日复一日、永不停歇。宁波港是内河港，但下面的江水每天都有两次涨潮，巨大的海舶可以趁涨潮来到三江口，然后在退潮的时候顺着甬江水出海。就是这样，在传统帆船的时代里，上千吨的大型海船运着从国外来的货物来到宁波三江口交易，然后再从这里出发，把中国的茶叶、瓷器等源源不断地送到外国去。三江口是姚江、奉化江和甬江的交汇处，这个交汇处对于中国大运河的意义就是，大运河最终的出海口快到了。

三江口得天独厚的地理优势，也吸引了大量外国人的到来，诸如高丽人、日本人、波斯人等。时至今日，我们依然能在宁波城里寻觅到他们当年留下的蛛丝马迹。

北宋政和七年（1117），明州太守楼异奉宋徽宗旨意，在明州设置“高丽司”，管理与高丽国往来的有关政务，并在月湖东岸“菊花洲”上，创建了国家级迎宾馆——高丽使行馆。使馆是北宋时期明州接待高丽来使的住所，也是宁波“海上丝绸之路”与外埠政治、商贸往来的一处重要文化遗存。

《唐使海泊图》则反映了古代中国与另一个国家的密切来往。画中的人们靠岸泊舟，有人指挥船工从巨大的海船上搬卸货物，有人相互作揖、彬彬有礼，还有人则手捧着陶瓷畅谈生意。其中不少人身着和服，看着就是来自日本的友人。

宁波市文化艺术研究院副书记黄文杰认为，日本第七次遣唐使从宁波登陆，意味着宁波作为一个港口城市正式登上了中国的舞台，三江口则成了中外对话的窗口。

“船舶候潮而行，潮涨则西往，潮落则东行。”宁波三江口如此繁荣，是因为它向东拥抱大海，向西连接浙东运河，直通杭州，合海港、河口港及内河港为一体。北宋燕肃的《海潮论》中曾写道：“海商舶船怖于上滩，惟泛余姚小江，易舟而浮运河，达于杭、越。”宋代，杭州湾发生北坍南涨的现象，钱塘江入海口反复变迁，海船进出钱塘港口更为凶险。迟至北宋后，海外商船就鲜少经钱塘江入海了。南宋迁都临安后，钱塘江入海航道因沙滩密布而被大型海船弃用。这个时期，浙东运河成了沟通首都临安与经济发达的绍兴、明州及明州海港的生命线。军队与军需品、皇室御用物资、海外贸易货物的运输，都依赖这条运河进行。宋代王十朋谓，“堰限江河，津通漕输。航瓯舶闽，浮鄞达吴。浪桨风帆，千艘万舻”，也是从这个时候起，浙东运河进入鼎盛时期。而作为浙东运河出口的城市，也作为当时的首都——杭州的外港，宁波被赋予了更多的意义。

当时的三江口是浙东运河越过城市的终点，也是河海联运的换船中心。南宋时期陆上丝绸之路阻塞，而航海技术和造船业逐渐成熟，政府也开始鼓励民间海外贸易，宁波凭借得天独厚的地理位置，一跃成为当时中国较成熟的商业城市之一。据《宝庆四明志》记载，1195年，宁波升格为府，并罕见的以国朝年号“庆元”为名。宝庆初年（1225），庆元府含诸门引铺的城商税额达46754贯，较北宋时期增长了130.34%。

运河所在区域的水文条件，决定了运河控制工程的类型和运行机制。大运河宁波段内的自然河流大多属于山区型河流，源短流急，水位洪枯变化较大，而与运河相关的河段又受到海潮涨落的影响。因此，如何调节人工河流稳定水位与自然河流频变水位之间的矛盾，成了浙东运河修建水利工程的主要课题。鉴于南宋时期宁波对于杭州的重要性，朝廷对于宁波的水治也格外上心。

南宋时期，宁波是首都杭州的重要出海港口。为了保持这里的经济发展、政治安定，当权者对宁波的治理十分重视。在诸多的驻守大臣中，对宁波影响最大的当数吴潜。

《宝庆四明志》记载："回城门凡十，西曰望京门，有水门通漕运。"西塘河是到达宁波府城的最后一段运河航程，也是古浙东运河的末端。宝祐五年（1257），吴潜买民田后，开挖三板桥到姚江的刹子港运河，这段长约4千米的人工直河沟通了慈江和姚江，结束了人们从慈溪古县城到三江口需绕行余姚或镇海的历史。姚江北岸的小西坝也为吴潜所建，建成后与南岸的大西坝对接。当时的船从小西坝过江，经大西坝，就可以沿着西塘河直达宁波城西的望京门。

宁波是典型的水乡格局。两宋时期，城中水利相继修浚，以至"沟血脉连""家映修渠，人酌清泚"，形成了以月湖为核心的城市水网系统。正所谓"三江六塘河，一湖居城中"，为了防止城外变化频繁的潮汐江对城内水位造成影响，同时也为了控制城内河流的洪枯，人们在城内修建了碶闸用以蓄水、排水。那么，什么情况下可以开闭碶闸？吴潜又给出了答案。相传吴潜在一块石碑上刻画下历史洪水水位，再画出历史低水位，最后写成了一个"平"字——水没"平"字当泄，出"平"字当蓄，启闭适宜，民无旱涝之忧。而这个刻有"平"字的石碑，就被称为"水则碑"。

在今天的宁波，我们仍能见到这块历经风霜的水则碑，它是我国城市古水利遗存中仅有的实例，对研究水利发展、城市排涝防洪水利工程有着特殊的意义。

青瓷、丝绸等国际化贸易催生了宁波，而延续了千年的大运河和海洋一起赋予了宁波特殊的意义——历史从这里出发，走向世界；而世界也由这里停靠，进入中国。

大运河（宁波段）：商韵流转

大运河（宁波段）：商韵流转

导读：当中华文明的历史进程进入最后两个封建王朝时，中国大运河沿岸出现了一种全新的社会组织形式——会馆。它由民众自发形成，在大运河的影响下由弱转强，并最终成为影响国家经济的一股社会力量。作为历史的见证者，河海之滨的会馆会给我们讲述怎样的故事？从运河时代传承而来的商业文化又会给城市带来什么？

“宁波地，鱼米乡，顺口溜，唱一唱。三江口，冰船来往忙，半边街，鱼行米行十几家，糖行街，南货北货批发庄……”这是宁波当地的一首顺口溜，稚嫩的童声唱的是宁波三江口繁荣热闹的商业景象。因为优越的地理位置，宁波向东直通大海，远洋船舶可以溯江抵达三江口，内河舢板船则借由大运河之便，从宁波前往杭州，甚至直通北京。海外诸国，贾船交至，合内河港、河口港、海港为一体的特殊条件，让宁波三江口成为名副其实的水上交通枢纽，河海联运则让宁波成为重要的物资集散地。

江海航运和港口贸易的繁荣促进了商业的萌芽和发展。两宋时期，宁波的乡村草市开始兴起。南宋宝庆元年，仅小溪、石碶、宝幢、澥浦等8个市镇，商税收入就达到了14030贯。而理宗绍定四年（1231），奉化鲒埼镇“生齿厥多，烟火相望”，商税更是高达30000余贯。要知道，在中国封建王朝的时代里，重农抑商思想一直影响着社会的发展，商人群体的社会地位甚至一度处于最底层。但随着商业贸易的不断发展，商人这个特殊的团体开始登上历史舞台。

宁波是一个商业传统非常悠久的城市。唐宋元时代，宁波商人就已经在经营着国际商贸。明代海禁后，宁波商人从大海转向内陆。最初的宁波商人大多出身于民间的草根商帮，从事与老百姓生活密切相关的行业，如药业。宁波鄞县（现为鄞州区）药商在北京城设立鄞县会馆标志着宁波商帮的形成。

草根商人往往会面临很多困难，商人们往往抱团取暖，以地域为中心、以乡谊为纽带，结成商帮，集资修建会馆。很快，一座座商帮会馆出现在大运河两岸。

通常来说，会馆有四大职能：一是祀神，即祭祀商人的乡土神或行业神；二是合乐，即商人们在会馆里聚会；三是义举，即商人赚取利润之后对社会进行回馈；四是公约，商人们在会馆集聚、制定行业规章制度，以此约束市场中的商业竞争行为，使得市场经济得到一定的协调。宁波市文物保护管理所文博副研究馆员丁洁雯认为，当时明清政府在经济政策这一块有所欠缺，而会馆在当时弥补了这一部分的欠缺，发挥了民间自治组织的功能。

宁波作为一个积累了先进的造船航海技术的城市，在当时形成了庞大的航海运输产业。清咸丰三年（1853），大运河的终点——宁波三江口东岸出现了一座会馆，这座会馆是宁波当地专做北方航运贸易的舶商共同出资修建的。也就是说，这是一座具有行业性质的会馆。

庆安会馆建成后不久，一大笔生意找到了这里。生意的雇主不是别人，正是清政府，而运送的货物是漕粮。漕运是我国历史上一项重要的经济制度，是利用水道调用粮食的一种专业运输，是调运地方粮食保证京城给养的机制。隋唐以来，随着大运河的开凿通航，漕运得以迅速发展。此后，大运河一直都是漕粮运输的黄金动脉。但这一次，清政府为什么会放弃大运河而改走海运呢?

事实上，庆安会馆还是一个漕粮的服务机构。我们常把漕运与运河相关联，但实际上海漕和运河漕运在封建时代同时存在。清代中叶以后，造船业及航海技术的进步使得海漕重新兴起。

自元代始，宁波就是南方漕粮北运的重要港口，河海联运是其重要特征。因为“明、越当海道要冲，舟航繁多甲他郡”，元初朝廷在宁波设置了专门的漕粮海运管理机构。明洪武元年（1368），朱元璋更是下令汤和“造舟明州，运粮直沽，以给军粮”。（宁波古称明州）清中叶以后，随着自然条件和社会条件的变化，运河漕运功能难以维系。在这种情况下，清政府决定试走海运。庆安会馆内的北线舶商们常年往返于宁波和天津之间，对这条航线十分熟悉。他们沿海岸线一路北上，最终安全抵达了天津港。这次漕粮海运的成功，使庆安会馆的北线舶商受到了清政府的极大信任。在随后的几年时间里，他们成了漕粮北运的重要力量。

疍船是清代漕粮海运的主要航船。当时，承运漕粮的船商可以获得数十万两的运费以及数万石耗米的收益，此外还可以获得两成免税货物。抵达天津港卸空后，船舶又可以前往辽东装载油豆，北货南归，获利颇多。因此，当时宁波的南北号商家都“自置海船，大商一家七八号，小商一家二三号”。但在庆安会馆众多的帆船模型中，一艘名为宝顺轮的船只却显得与众不同。

宝顺轮是中国第一艘商用轮船。因为轮船高大而且速度快，上面架起机枪容易对付海盗，所以宝顺轮在当时威震沿海，对于北号船商的发展起到了重要作用。正是宝顺轮见证了宁波由一个传统的帆船港走向轮船港时代。

借助大运河和海洋的力量，宁波的商业有了长足的发展，而商业的兴旺又带动了宁波另一个产业——金融的繁荣。清乾隆三十五年（1770），宁波的三江口附近出现了一条钱庄林立的街道，名为“钱业街”。

宁波钱业的繁荣与宁波商人经营全国的生意，如金融汇兑、金融调度非常广泛，有密切的关系。俗话说，“走遍天下，不如宁波江厦”，指的就是宁波江厦街繁荣的钱庄业。

清道光年间，宁波钱庄出现了严格的“过账制”，资金往来，从使用现金改为借助钱庄进行汇转，实行统一清算。这意味着现代金融业票据交换在我国的开始。之后，“过账制”慢慢发展成为整个钱庄业共同遵守的制度。为了统一管理钱庄业，宁波成立了钱业同业组织，1864年还订立了《宁波钱业庄规》。1923年，因为原有的公所“湫隘不足治事”，28家大同行、34家小同行筹集9万多银圆兴建钱业会馆。会馆建成后，负责协调全市钱业同行开展业务，成为当时宁波金融业聚会、交易、最高决策的场所。今天，我们还能在大运河东端的三江口畔见到它的身影。

鸦片战争后，宁波被迫开埠，成为全国5个通商口岸之一。此后，作为浙东商业中心的宁波重新建立起了较为完整的商业网络。当时宁波港的腹地延及绍兴、杭州、金华、衢州、台州、温州，甚至包括福建的泉州等，出口的丝绸和茶叶汇集到三江口，而输入的布匹、五金、煤油等也在这里经水运或陆运发往全国各地。作为大运河和海上丝绸之路的重要节点，特殊的地理位置让宁波的商贸优势再次得以显现，而从运河时代延续下来的商业传统也让宁波抓住了机遇，重新站上了中国的城市舞台。

因为良好的商业传统和外贸的历史，当时英国人非常看重宁波。鸦片战争结束以后，英国强迫宁波建立通商口岸。1844年，宁波正式对外开放，英美等西方国家蜂拥而至，沿着三江口的江北岸开辟了许多轮船码头。今天，我们还能在那里看到许多西式建筑以及一些中西合璧的建筑，而宁波人也在这里学到了西方的技术和文化，打开了对新世界的观察。如果我们回头去看，许多宁波商人正是从这个地方开始了他们最初的梦想，然后走向全国甚至全世界。

杭州师范大学历史系副教授余清良认为，运河对浙江商帮及商帮文化的形成有着重要的影响。近代，纯粹依靠内河航运的传统商帮陆续退出了历史的舞台，但宁波商帮却脱胎换骨，重新站上舞台。其重要原因就是宁波港河海联运的特殊地位。而“浙商”这个概念能够快速兴起，也与历史上的运河密不可分——通过运河，我们形成了灵活开放的商业文化，我们采用的形式多元，不墨守成规。

大运河联系南北、沟通中外，同时也在沿岸建构起具有独特文化功能的城市形态。作为开放的商埠，宁波超越了“政治型”与“经济型”的二元对立模式，建立起了多元开放的文化形态和生活方式。岁月沧桑中，宁波流转的商业文化逐渐演化为一种弥足珍贵的文明财富，它见证了运河经济的兴衰浮沉，也映射着时代前进的轨迹。

大运河（宁波段）：天工人巧

导读：大运河的繁荣带动了沿线城市的起飞，宁波余姚就是其中之一。正所谓“东南最名邑，烟水万人家”，大运河如何成就余姚的繁华？

大运河（宁波段）：天工人巧

沿浙东运河一路向东，经过绍兴上虞后，就进入了宁波余姚界内。与浙东运河西端及京杭大运河基本由人工挖掘不同，浙东运河余姚段充分利用了姚江这条天然河道以及平原水网，将天然河道与人工河道相互结合，形成了人与自然和谐共创的运河水网，堪称“天工人巧”。2014年6月，中国大运河项目成功入选《世界遗产名录》，其中就包括余姚段。

余姚段分布着斗门老闸、斗门新闸、西横河闸等水利航运设施，统称马渚横河水利航运设施。这些水利设施在空间上东西呼应，发挥了航运、节制的作用，成为沟通曹娥江与姚江之间的重要枢纽；在时间上，它们也反映了宋元以来，这段运河上水利航运设施技术的演进过程，为运河发展、变迁提供了一个截面。

除了余姚段以外，中国大运河遗产还包括余姚另一个重要的河段——慈江。姚江是孕育余姚的母亲河，但受到海潮影响，面阔浪急，对船只航行产生了不小的威胁。南宋时期，余姚开挖慈江到刹子港的河段，由此减小了潮汐对航运的影响。而作为慈江与姚江的交汇处，丈亭镇则承载着特别的历史记忆。

中华人民共和国成立以前，作为浙东运河主要航道的姚江其实是一条潮汐河。流淌到现在丈亭镇的位置，姚江江面已经扩展到200多米，风大浪急，所以在古代，船只每每航运到这里都要“候潮而行”。古时的内河航船抗风浪能力极弱，为此，南宋时期人们专门挖了一条慈江——西起丈亭镇，经慈城直到小西坝。

“姚江乘潮潮始生，长亭却趁落潮行。参差邻舫一时发，卧听满江柔橹声。”（《发丈亭》）余姚依水而生，仗山而建，因水而兴。公元前210年，秦始皇始设余姚县，因余姚境内有山名为句余，又有江称姚江，于是合山水之名，称作余姚。据《太平寰宇记》记载，唐初“余姚之境东包明州，西辖上虞，为越州巨镇”。作为浙东要冲，唐宋以来，余姚一直受到统治阶层的重视，加上运河的影响，商业发展成为必然。越窑青瓷的中心产地上林湖就位于余姚城东20多千米处，瓷器出炉上船，第一站便是运往余姚，之后或向西溯运河而上，进贡朝廷、销往内地，或向东进入宁波港，通过海上丝绸之路运往世界各地。到了两宋时期，余姚的盐业也得到了快速发展。

余姚的海盐制作始于唐朝的时候，这里的盐场也被认为是浙江四大盐场之首。余姚南面是巍巍四明山，北面是滔滔杭州湾，所以余姚的土特产只能通过浙东运河向外运输。航运的发展促进了余姚县城的繁荣，就像范仲淹诗作所描述的，当时的余姚是“余姚二山下，东南最名邑。烟水万人家，熙熙自翔集”。

人口的变化也反映了余姚的发展——南宋嘉泰元年（1201），余姚县城人口达30883户，而到了元至正二十七年（1367），人口已经上升到了43847户。余姚也因此在元代升县为州，称余姚州。

如果说拱宸桥承载了杭州人民的历史记忆，那么通济桥就是余姚人历史与情感的载体。古时姚江受海洋潮汐影响，江面宽阔而浪急，唐代以前，余姚城内一直没能架起桥梁，两岸交通全靠沿江渡口。北宋庆历八年（1048），余姚县令谢景初终于在余姚北城南门建起了第一座木桥，取名德惠桥。元代，德惠桥改建为石拱桥，并改名为通济桥。当时浙东地区还没有出现过这么大的石拱桥，因此通济桥也博得了“浙东第一桥”的美称。

“千时遥吞沧海月，万年独抵大江浪”“一曲蕙兰飞彩鹢，双城烟雨卧长虹”，说的正是气势如虹的通济桥。作为余姚城市的独特景观，也作为古城最具标志性的历史建筑物，如今，通济桥与舜江楼已然成为余姚的文化符号。但与一般桥梁不同的是，通济桥不仅连接了姚江两岸，还沟通了两座城池。

姚江流经余姚，将城区一分为二。古人在姚江南岸和北岸各建了一座城市，其中北城始建于东汉建安年间，南城始建于明嘉靖年间。

封建时代，一般只有京城才可以构筑多座城池，但余姚作为一座县城却有江北旧城和江南新城两座。自从江南新城筑成后，余姚双城南北对峙，化身浙东屏障，四邻有警，恃而无恐。每当倭寇来犯，两城军民上城防守，夹击姚江中的敌人，阻止倭寇沿江西进，保障了姚江两岸百姓的安全。今天，我们漫步余姚，仍能见到较为完整的“一水两城”格局，也就是姚江运河一水中流，南北两城相对而兴。

一方水土养一方人，姚江氤氲，古迹悠悠，两岸风光旖旎，不仅得水光浸润，还得历史人文滋养。千百年来，多少诗人在这里面江而歌，多少哲人临江而思；在这里，余姚人留下了许许多多绝妙的诗文和生动精彩的故事。

明末清初的文学家张岱在《夜航船》的序言中写道：“余因想吾越，惟余姚风俗，后生小子无不读书……”余姚的科举文化在明代最为发达，整个明代余姚出了388个进士，其中3个状元、4个榜眼、2个探花。此外，余姚人读书的一大特点是经世致用、知行合一。

王守仁，字伯安，别号阳明，是明代著名的思想家、哲学家、军事家和教育家。明成化八年（1472），王阳明在余姚呱呱坠地，当时的人们并没有意识到，一个伟大的思想家就此诞生。王阳明的心学思想有三大命题：一是心即理；二是知行合一；三是致良知。

王阳明提倡的“致良知”，即从自己内心中去寻找理，“理化生宇宙天地万物，人秉其秀气，故人心自秉其精要”。作为心学的集大成者，王阳明集立德、立功、立言于一身，成就冠绝有明一代。

岁月变迁，运河在余姚的历史上写下了浓墨重彩的篇章，给余姚人带来了经济的繁荣和文化的灿烂。近代铁路兴起后，大运河在经济生产方面的重要性有所下降，但在国民经济持续增长的当下，污染小、占地少、节约能源的内河运输，对于浙东区域综合运输网络的构建仍然有着重要意义。

浙江大学社会学系副教授刘朝晖认为，浙江的城市发展最重要的体现就是跟运河相连的中小城市的发展。中小城市的资源，无论是生产性资源还是生产资料，都能通过运河以很低的价格运到各处。城乡结合，运河就是一个非常好的连接点，同时也是浙江经济社会发展的生命线。

1959年，姚江大闸落成，姚江航船从此告别潮汐的限制，实现了“全天候”通航。2003年8月、9月，杭甬运河杭州段、宁波段改造工程相继破土动工。按照四级航道标准，改造后的杭甬运河通航吨位达到500吨级，成为整个京杭大运河现代化改造的重要组成部分。2000多年来，大运河曾见证历史的波澜壮阔，也经历过默默无闻的岁月，但在人们的保护和利用下，它至今依然坚挺地“活着”。那么，当下大运河畔的人们又会在这个“活态线性文化遗产”边留下怎样的故事？对于宁波来说，或许就是继续“东出大海，西连江淮，转运南北，书藏古今，港通天下”吧。

大运河（湖州段）：古韵新市 运河明珠

导读：610年，隋朝皇帝下令疏凿河拓宽长江以南运河古道，人称江南运河。江南运河运水、运人、运兵，繁忙的航运孕育出沿线无数的小城古镇，湖州德清的新市就是其中之一。作为江南运河中线重要的大码头之一，新市创造了怎样的历史文化？运河水又在这里荡漾出怎样的繁华？

大运河（湖州段）：古韵新市 运河明珠

江南运河分东、中、西三线，北接长江，南接钱塘江，三条线呈扇面展开，形状如同河蚌。湖州德清的新市古镇位于江南运河的中线要道，是江南运河这颗河蚌上一颗闪耀的明珠。根据水文资料，新市年降水量在1200毫米左右，最高达1780毫米，最少为724毫米，上下浮动较大。而附近的原始河流海拔低、河床浅、水流乱，狭小位浅，极易出现旱季河流干涸、雨季河流泛滥成涝的情况。这样的自然条件让当地人备受困扰，生活苦不堪言。怎样才能改变这样的状况？1700多年前，一个叫朱泗的年轻人给出了答案。

朱泗生而强壮，10多岁的时候就帮助当地的老百姓从远处提水。因为长期提水不便，为了解决这个难事，他开始带领百姓开挖河流。

在当时的历史条件下，开挖河流是一件极度费时费力的事情，但朱泗坚持“要用水，先治水”，并在这个理念的引领下，带领新市的老百姓开始长达10年的民间治水活动。据历史记载，当时“将军取巨瓮，就溪壑之深处，运载水泉以纾危急之患，而人赖以济。将军犹虑荐熯，至十年间，开漾溪一路”。朱泗和老百姓在一片滩涂和沼泽中挖出了河道，并在两岸砌起石堤，筑成新市引水蓄排的“西河口”水利工程。而这个工程也将南面的江南运河中线与西面的漾溪港贯通，从此水入新市，有效缓解了当地的旱涝灾情，同时方便了人们的生活起居。

治水成功改变了新市的人居环境。此后，水路环绕、舟楫通利的新市吸引了大量百姓到这里定居。晋永嘉二年（308），附近的陆市发生严重的水灾，人们在族长的带领下匆匆迁徙，艰难跋涉数十里后来到了新市。他们沿河而居，傍水而市，开始在这里繁衍生息。为了纪念曾经的陆市，也为了寄托对新生活的向往，他们把新家园称为新市。从引水入市开始，新市的历史就与运河水密不可分了。水创造了新市，而新市人也通过治水，开发了水的智慧，让水成为百姓的福利之源。

隋唐以后，京杭大运河的开凿促进了内河航运的迅速发展。当时，南方的粮食、丝绸、瓷器等基本都通过运河运往首都。作为大运河的重要组成部分，江南运河也是漕运的主要航道。新市坐落于江南运河中线的喉舌地段，这个特殊的地理位置让新市成为附近物资的集散地——南来北往的货物、天南地北的商人聚集于此，客观上为新市的发展提供了条件。两宋时期，中国的经济重心和文化中心南移，新市的重要性日益显现，朝廷将这里视为漕运和军事的重要码头，并在这里驻兵扎寨。

978年，北宋朝廷派人接收新市，并在这里设镇，将新市作为一个行政管理部门加强管理，新市也由此拥有了新的起点。

南宋迁都临安后，江南运河出现了百舸争流、千帆竞发的繁华场面。“以水兴市、以市兴商”，新市凭借特殊的地理位置，一跃成为江南运河中线上重要的商岸“大码头”之一。潮来潮往的客流和物流也刺激着新市经济、文化的进一步发展。

宋元时期，新市西河口已经初具商业规模，形成了以陈家潭为中心的运河商贸区和漾溪商贸区。这些商市日益繁华，并逐步向西河口一带内延，形成了以刘王庙为中心的“十字街头”街市闹区。到了明朝，新市商市的规模已经跃居德清第一。明末清初，新市出现了早期资本主义经济萌芽，并依靠苏州的香烛市场形成了全国最大的芯梗加工基地，年供芯梗量高达两千万支。

当时，香烛生产商采用原料发货、设立加工点，然后收回销售的经营模式，新市人抓住机遇，在这一生产链中占据重要地位。新市的芯梗产品质优价廉，一直被苏州的香烛生产商捧为“抢手货”。这个巨大的芯梗市场一直从明清延续到了20世纪50年代，之后才逐渐式微。

除了物资和客流的中转以外，运河时代，新市“大码头”还承担着另一项重要的功能——信息的集散。受南宋影响，新市在商贸过程中形成了茶楼文化。商人们一早来到茶楼喝茶谈天，看似不经意的话语中往往包含大量的信息。人们在新市歇歇脚，也趁机获取最新鲜的商贸资讯。

这样的商业文化带动了当地民间饮食的兴盛，其中最有特色的当数新市酱羊肉。因为毗邻杭州，南宋时期不少达官贵人会坐船到新市玩乐，有些还在这里建造了官邸庄园，如南宋名臣张俊、杨沂中、赵汝愚、刘光祖、吴柔胜等，都曾在这里留下自己的足迹。久而久之，南宋贵族在新市形成了独特的文化圈。而新市酱羊肉的出现与这个南宋贵族圈有着密切的联系——贵族烹调羊肉，带皮、拆骨、紧汤，容纳“奢、精、酥、美”的宫廷风格，与新市本地“剥皮、带骨、无汤”的传统烹饪方式完全不同。这种独特的羊肉烹饪方法，一出现就受到了新市百姓们的喜爱。清朝末年，宁波人张和松来到新市创业，他继承了当地的羊肉烹饪方式，并在此基础上不断更新，由他创立的“张一品酱羊肉”至今驰名全国。

昼夜奔腾不息的运河水，让新市不断提升着自身的区位优势，也源源不绝地充盈着这里的文化能量。13世纪中叶，南宋丞相吴潜在家乡新市创办“履斋书院”，这是湖州地区历史上第三座书院，也是新市镇历史上第一个教育机构。在之后的时间长河中，新市陆陆续续出现了许多类似的机构，其中影响最大的当推“仙潭书院”，一代文人宗师俞樾先生曾为这家书院题额铭碑。教育机构的设立，加上地方行政等级的建立、贵族生活圈的形成、商岸码头的成长，以及地方建设的繁华，让新市焕发出了勃勃生机。

改革开放后，新市“大码头”跟上了时代前进的步伐，原有的水运码头到今天依然发挥着作用，而公路也如同网络一样密布连接，一个崭新的新市呈现在浙北大地上。近年来，新市镇围绕“运河古镇、海派水乡”的品牌定位，结合“有产业、有文化、有特色”的内涵要求，一步一步向“三生融合、两美共享”的现代化小城市转型靠近。目前，新市古镇已经被列为第一批“浙江省小城市试点镇”。

“泽国鱼盐一万家，从来人物盛繁华。”（《过新市》）1000多年来，奔腾的运河水在新市写下了灿烂的历史文化——这里曾是物流与客流集散的重要商埠，是朝廷驻兵扎营的战略埠口，是江南美食荟萃的风味小城，也是文人墨客交流集会的风雅场所。如今，这里依然水路环绕，粉墙碧瓦，石桥古埠分布两岸，似一幅明清文人笔下的工笔画。千载已过，古老而新生的运河在新市人的生活中继续扮演着不可或缺的角色，它融通古今，继往开来，讲述着活态的动人故事。

大运河(湖州段):一丝一书 水晶晶的南浔

导读:当大运河流经湖州南浔,一条财富之路、文化之路也缓缓铺陈开来。是怎样的运河水,孕育出了辑里湖丝的与众不同?又是怎样的运河水,摆渡出一群商人的财富之路?时光流转,如今运河两岸的古迹里,又传递着怎样的历史文脉?

大运河(湖州段):一丝一书 水晶晶的南浔

丝,创造了南浔的财富故事

丝,凝结着蚕宝宝一生的精彩华章。古老的缫丝机,日夜不停地转动,转出了南浔这座历史悠久的江南水乡最初的声誉和财富。

湖丝,在中国历史上赫赫有名。1851年伦敦首届世博会召开的时候,有一个上海的商人把12包生丝用灰不溜秋的包装包裹着运到了伦敦,结果被人扔在了角落里。直到1个多月后,有人无意中打开来看,才发现了这来自东方的瑰宝。

辑里湖丝,以南浔的辑里村命名。1851年,产于南浔的辑里湖丝荣获伦敦首届世博会金奖,“白、净、柔、韧”的辑里湖丝,成了中国第一个获得世界大奖的民族品牌,从此销行海外。

《吴兴蚕书》中曾写道:“丝由水煮,治水为先,有一字诀,曰清,清则丝色洁白。”过去人们对生丝质量好坏的评断,最简单的办法是用铜钿挂在所缫的一根丝上,越能承重、韧性越强的丝为上品。南浔辑里村早有“水重丝韧”的传说,该村穿珠湾、西塘桥河之水,不仅十分清澈,而且富含矿物质。因为一方好的水土,南浔人创造出了辑里湖丝的与众不同。

“穿珠湾的水,匀二叶的桑,莲心种的蚕”,这是辑里湖丝能够脱颖而出的奥秘。

水，承载着南浔的发展

“这里有水晶晶的水，水晶晶的天空，水晶晶的日月，水晶晶的星辰……”作家徐迟先生用了66个“水晶晶”来描写他的家乡——南浔。

南浔，地处长江三角洲的杭嘉湖平原，河网纵横，密如蛛网。南浔的水，养出了驰名中外的辑里湖丝，也传承着运河的故事和文化。

2014年6月22日，中国大运河项目被列入《世界遗产名录》。江南运河南浔段作为一个独立的遗产区，主要包括了一段和一点，这也是湖州唯一入选的申报点段，也是中国首个整体被列入世界遗产的江南古镇和运河重镇。

所谓一段和一点，一段指的就是河道本体，就是頔塘故道，頔塘故道全长1.6千米左右，既是南浔古镇的一个组成部分，也是古镇连接大运河的一个重要水道。

开凿于西晋太康年间的頔塘，距今已有1700多年的历史，是历史上江南运河的“西线”，也是大运河的重要支线。

西晋时，吴兴太守殷康筑堤岸，“障西来诸水之横流，导往来之通道，旁溉田千顷”。不仅防洪，而且有效地灌溉了流经之处的田地。

頔塘自湖州东门迎春桥经南浔至江苏平望莺脰湖，全长约60千米，南浔区境内约22.16千米，是江南重要的交通航道、漕运通道和水利设施。到了唐代，面对盛唐的繁荣经济，頔塘不再只是一个水利工程，而是又成为一个交通的主要命脉。江南的粮食丝绸就通过它，通过大运河运到京城，所以当时官府码头主要的商铺都建在頔塘的两旁。

南宋时，取頔塘边南林、浔溪两个村庄的首字，南浔由此得名。当时，南浔镇已是“水陆要冲之地”“耕桑之富，甲于浙右”。根据頔塘附近的百间楼民居的传说，可见当年南浔的富庶。

百间楼，相传是明万历年间尚书董份为家眷仆从居住，沿原南浔城壕内侧而建，后又增建至对岸，因有房屋近百间，故名“百间楼”，全长400多米，蔚为壮观。

頔塘故道上的通津桥，当时是南浔的中心。丝上市的时候，清代诗人写道："听道今年丝价好，通津桥口贩船多。"这里到处都是一片银色的世界。清代的描写，说明了当时南浔的发达鼎盛。

明清时，通津桥畔是辑里湖丝的集散中心。桥南有一条小街，名曰"丝行埭"，当初街上开满了大大小小的丝经行，素有"丝市"之称。

"蚕丝乍罢丝市起，乡人卖丝争赴市""万户周遭见，千艘百夜通"，描述的都是通津桥头"丝市"之盛况。

到了近代，养出了辑里湖丝的运河水，再一次打通了南浔商人的财富之路。

近代，南浔人抓住上海开埠的契机，贩丝沪上，大力发展生丝外贸，从而形成了以"四象八牛七十二墩狗"为代表的中国近代最大的丝商群体（史称"浔商"）。南浔民间说法，财产达千万两白银以上者称为"象"，五百万两以上不过千万者称为"牛"，一百万两以上不达五百万者称为"狗"。对于江南豪门的资产，民间传说的版本不一。不过据初步统计，他们的财产总额相当于晚清政府一年的财政收入，可谓富可敌国。

1840年，鸦片战争揭开了中国近代史的帷幕。南浔的商人们抓住了"上海开埠"这一时代契机，带上家乡的辑里湖丝，从青石板踏上运河的船只，与洋行做生意。1847年，辑里湖丝已经占上海出口丝贸易总量的63.3%。积累了财富的丝商群体，很快又向金融业、盐务等广泛投资。南浔的"刘张庞顾"四象家族中的顾家，购买了当时上海唯一的外洋轮船码头，独占上海进出口货物的装运和打包业务。

书，传递着江南古镇的文脉

南浔商人们在上海跟外国人做生意，不仅积累了财富，还学习了很多西方的思想。

近代的"西风东渐"，使南浔的建筑折射出五彩斑斓的中西合璧色彩，既有东方传统的遗韵，又有西方新潮的风采。无论是小莲庄的东升阁、刘氏梯号红房子，还是张石铭旧宅，都表现出中西文化碰撞交融的鲜明特点，在江南古镇中独树一帜。

以张石铭旧宅为例，它是一座经典的中西合璧建筑，被称为“江南第一巨宅”。其门楼上的砖雕，飞檐勾角，以及走道、门屏上的字样图案，工艺精湛，风格高雅，无不透出凝重而又古朴、清新而又悠远的气息。跨过铺满青石板、碎砖片的小路，穿越富有东方韵味的亭台楼阁，走进罗马柱后面铺有彩色瓷地砖的舞厅，又能看到西方文化的渗透以及与中西文化的融合。

除了建筑以外，腰缠万贯的南浔商人还对书籍情有独钟，“书声与机杼声往往夜分相继”。中外闻名的嘉业堂藏书楼，主人刘承干是中国近代史上私家藏书最多，花费精力、金钱最多的一个。

1920年，为藏书计，刘承干“靡金二十万，拓地二十亩”，在南栅鹧鸪溪畔构筑藏书楼，1924年落成，溥仪题赐“钦若嘉业”九龙金匾，嘉业堂以此而得名。

“得诸社会，还诸社会。”鼎盛时期的南浔金银如山，书声如涛。书香溢城的南浔出了许多藏书家，也建了不少藏书楼。刘桐的“眠琴山馆”、蒋汝藻的“密韵楼”、张均衡的“六宜阁”等都曾名噪一时。

“水市千家聚，商渔自结邻。”（《南浔小泊》）南浔，一座由水而生长起来的江南古镇，用勤劳朴实、敢为人先的历代奋斗，回馈着运河的滋养，书写了江南经济中一段华美别致的篇章，传承下崇学重教的思想，留下了唯美别致的文化记忆，等待更多的人去走近它，了解它，传播它。

大运河（绍兴段）：越地长歌

导读：都说一部运河演变史，半部绍兴发展史。大运河奠定了绍兴的历史基础，成就了绍兴的风调雨顺。2000多年时间里，大运河在这里谱写了怎样的华章？

大运河（绍兴段）：越地长歌

“万流所凑，涛湖泛决，触地成川，枝津交渠”，在郦道元的描述中，越地的人们生于水畔、长于水畔，“水行而山处，以船为车，以楫为马，往若飘风，去则难从”。8000多年前，今萧山跨湖桥区域的先人们用石锛等工具，做出了标志性的航运工具——独木舟。在史前生产力极端落后的时期，这艘木舟的制作工艺令人惊叹，也正是这“中华第一舟”，表明了从那时起，水与越地一直密不可分。

在很多人的印象中，中国大运河就等同于京杭大运河；但实际上，浙东运河也是中国大运河的重要组成部分。公元前490年，越王勾践实施由山麓向平原发展的计划，他以今天的绍兴城龙山为中心，在东西约2.5千米、南北约3.5千米的范围内，先后建立了小城，以及多倍于小城的山阴大城，形成了一个水陆交通四通八达的越国平原都城。《越绝书》卷八记载：“山阴古故陆道，出东郭，随直渎阳春亭。山阴故水道，出东郭，从郡阳春亭，去县五十里。”

“十年生聚，十年教训”，在这段时期里，山阴故水道沟通了越国战略后方基地的富中大塘以及各条河流的航运，阻隔了部分潮汐河流，促进了东部平原的开发。绍兴是水乡，同时也是石乡，自越国时期，越地先民们就已经开始了采石的工作。当时正值山阴故水道和水城初建之时，越地建筑需要大量的石材。采石何处便利？山阴故水道边东湖是也。

以东湖为代表的这些采石场，是绍兴古城、运河、海塘工程的“娘家”，没有这些石材，古城、古纤道的建设就无从说起。绍兴人工采石之后，留下的残山剩水也被精心雕琢，被赋予了新的文化内涵。越地先民们用匠人的精神，一锤一锤，开采每一座石山，他们埋头苦干、百折不挠。同时，他们又用采石遗迹构成新的水体，做到了山与水的和谐相融，体现了他们更高层次的美学追求。

汉顺帝永和五年（140），会稽郡太守马臻纳三十六源之水，兴建鉴湖。鉴湖北堤在原山阴故水道的基础上增高堤坝，并新建、完善了涵闸设施。鉴湖建成后，绍兴一带的航运条件更为优越，出现了“东渐巨海，西通五湖，南畅无垠，北渚浙江”的情形。300年前后，在晋会稽内史贺循的主持下，会稽地区又开凿了西兴运河。鉴湖和西兴运河的建成，使得绍兴地区的经济社会不断发展，晋元帝面对这里殷实繁荣的景象，也不禁盛赞：“今之会稽，昔之关中。”

唐代以后，由于鉴湖和西兴运河交通便利，甬江和钱塘江通过浙东运河的交通运输业得到了长足发展，而绍兴城作为浙东航运的中心枢纽城市，不但与国内各地加强了商贸交易，还依托明州港，与日本、朝鲜及南洋国家发展商贸。宋室南渡，绍兴成为临安的陪都。此后，浙东运河成了连接首都临安、富庶的绍兴府以及明州港的水上交通枢纽。王十朋的“浪桨风帆，千艘万舻”，描述的就是浙东运河当时繁华的景象。作为水运生命线，浙东运河的疏浚治理一直受到统治者的重视——西兴堰、钱清堰、曹娥堰等7座堰坝的修筑，保障了这条运河的航运条件，而绍兴上虞则在其中得到了发展的契机。

当时许多上虞百姓从事堰坝上搬运、装卸等工作，在一定程度上形成了产业链，因此在堰坝周围形成了许多大家族。一方面，家族依托堰坝；另一方面，家族的力量又保护堰坝。

“九秋风露越窑开，夺得千峰翠色来。”（《秘色越器》）绍兴上虞是越窑青瓷的发源地，三国西晋是上虞越窑的第一个发展高峰，当时江南地区政局相对稳定，人口增加，农业发展，为上虞越窑的繁荣提供了有利条件。此外，当时民间厚葬风盛行，为青瓷拓展了销路。这个时期，上虞越窑的窑场数量猛增到140多处，且青瓷制作工艺有了很大精进。会稽一带运河的开凿，对外交往的频繁，更为上虞青瓷的外销创造了良好的条件。

绍兴市文史研究馆馆员马志坚介绍，瓷器诞生初期，其辐射范围较小，大多为附近农户或作坊主自用。两晋时期，运河开通，上虞的青瓷生产能力逐渐加强，到经隋唐复苏，上虞依托运河出现了第二波瓷器生产高峰。唐朝以后，上虞的青瓷生产已经从农业生产部门分离出来，单独走向工业化生产。

浙东运河突破限制，通江达海，是活跃的水上动脉，同时又是一条文化长廊，讲述着千百年来越地的人文故事。秦始皇三十七年（前210）巡越，曰："上会稽，祭大禹，望于南海，而立石刻颂秦德。"晋代，竹林七贤的阮籍、阮咸在西兴运河畔留下风流韵事，直到今天，绍兴柯桥的荫毓古桥上还有楹联写道："一声渔笛忆中郎，几处村酤祭两阮。"浙东运河是运水、运兵之河，同时也成了运人、运文、运史之河。

绍兴市鉴湖研究会会长邱志荣表示，浙东运河对越文化的传承与发展有重要意义。著名书法家王羲之就是通过运河，邀请好友们集聚兰亭，写就了著名的《兰亭集序》。从某种意义上来说，运河也为《兰亭集序》的诞生创造了条件。

时光飞逝，铁路、公路的兴起使得很多运河的航运价值在近代逐渐式微，但浙东运河依然保持着旺盛的生命力。它是现存的、依然在完好发挥作用的运河之一，到了近代，浙东运河基本形成了200千米左右的河道。

正所谓"千古浙东大运河，至今千里泛清波。江南鱼米之乡地，众口同称赖此河"。当下，浙东运河航道尚存，航船辐辏，效益显著，而拥有2500多年历史的绍兴城也依然在运河畔谱写着自己的华章。千年轮转，愿越地长歌不散。

大运河(绍兴段):古越文脉 弥久长新

导读:大运河(绍兴段)西接杭州萧山,东连宁波余姚,作为浙东运河的核心区,千百年来,这里一直充斥着小桥、流水、人家的诗情画意。作为中国最早的立交桥,八字桥特殊在哪里?八字桥历史文化街区又为我们讲述了怎样的繁华故事?

大运河(绍兴段):
古越文脉 弥久长新

大运河在时间和空间的流淌中,形成了两岸缘水而成、应水而生的老街文化。老街的形成,也如同大运河一般,成为增进人类交往和沟通的重要渠道。它们在历史这条时间线上,演绎着一个接一个的故事。小桥、流水、人家,绍兴是典型的水乡,同时也是桥乡。粗粗算来,绍兴这块土地上矗立着上万座大小不同、风格各异的桥梁,其中最为出名的就是八字桥。

八字桥

八字桥位于绍兴八字桥直街东端和广宁桥直街交汇处，经历了千百年的风风雨雨，至今依然保存完好。据《嘉泰会稽志·桥梁》记载："八字桥在府城东南，而桥相对而斜，状如八字故得名。"这里是3条河流的交叉点，南北流向的是主河，至今仍通船只，东西两侧则各有一条小河。宋代的工匠们非常聪明地利用了这里的天然条件，将正桥架在主河之上，副桥则架于两侧引桥之下。它跨越3条河流，沟通4条街道，巧妙地解决了复杂的水陆交通问题，清晰地记录下中国古代关于连接和跨越的智慧。

桥因河建，街因河生。八字桥发达的水陆双交通体系，使得这里成为人流与物资的中转站。昼夜不息的船只带动了八字桥街区的发展，造就了这个绍兴历史上繁华富庶的商业街区。八字桥历史文化街区，也成了浙东运河在绍兴留下的最好历史证明。

如今的八字桥老街似乎没有了昔日的热闹，但这里依然石板铺路，街河相依，家家枕水，户户枕河，有着城市中少有的慢节奏。这里保存下来的河畔老街模样，让许多老人选择留下；也正是因为这些老人，八字桥历史街区才得以真正保留了它最原本的模样。

绍兴市鉴湖研究会会长邱志荣认为，八字桥街区一代又一代的原生居民，集聚了文化，集聚了河道生态，集聚了人气，也集聚了传统产业。这些使得八字桥非常难得地保留了原生态的运河原貌和景观。

有河的地方就有船，有船的地方往往少不了纤道。绍兴的古纤道初为泥塘，唐朝开始有了石塘路，当时因为运河水路漫长，江面宽广，负重之舟逆流而行，常常会被风浪波涛所阻隔。为了加快船速，人们就利用塘路背纤行舟。到了明代，山东人李良出任山阴知县，他深知发展绍兴的经济、文化乃当务之急，于是他下令疏浚河道，砌起石堤，并用青石铺就了专门的纤道——"自虹桥达钱清，亘五十余里，塘以永固，田不为患"。这个时期，古纤道的砌石规模和品位都发生了根本性变化，古纤道也成为我国古代水利建筑的一大奇观。如今，它成了"没有围墙的博物馆"，让人们可亲可感。

沿着古纤道顺运河而行，郁郁农田间以小桥、人家，夕阳西下抑或晨起薄烟，在这古纤道上，我们总能找到令人心动的画面。清代地理学家齐召南也曾用这样的诗句来形容古纤道上的景色——“白玉长堤路，乌篷小画船”。

绍兴是个水乡，大大小小的乌篷船曾是当地重要的运输工具，来自民间的小歌班沿着运河沿线演出，有时，舞台就设在船上。随着时代的发展，运河水的氤氲，加上江南的秀气，这些小歌班的演员在吸收了昆曲、京剧的表演后形成了独具特色的唱腔，最终发展成后来的越剧。越剧唱腔优雅动听，闻之令人沉醉，极具灵秀之气。

在绍兴，与越剧同样出名的还有酒。黄酒在绍兴的酿造史，大抵与建城史相当。据文献记载，早在春秋战国时期，这里的酿酒业就已经十分发达了，如《吕氏春秋》就曾提到越王勾践“投醪劳师”的故事。到了五代，绍兴的酿酒业进一步发展，酒税成为当时国家的重要税收之一。宋室南渡后，绍兴城更是有了酒满街头的形容。绍兴黄酒选用上等精白糯米作为主要原料、优质黄皮小麦作为酒曲，最关键的引子还是那一脉鉴湖水。

当时运河边几乎家家户户都是酿酒的，可以说运河造就了鱼米之乡，鱼米之乡的人们从运河汲取好水酿出黄酒。最终绍兴黄酒又通过运河漂洋过海，远销到世界各地，成为运河上的著名品牌。

2015年，绍兴的黄酒小镇出现在浙江省首批特色小镇名单上。小镇采取一镇二区的联创模式，共同展示了绍兴酒乡和水乡的文化特征。2500年悄然而过，或许对绍兴人来说，酒早已不再是酒那么简单，它更是一个产业，一种文化。

古桥、牌楼、老宅石柱，老的物件记载着时代的记忆，镌刻着当地的文化基因。可惜的是，在现代城市的建设发展中，总有一些老物件会消失在时间的长河中。大运河也是如此。20世纪末，各地运河出现航运功能下降、航道变窄等问题，部分河道淤泥深厚，大型航船无法通过。此外，运河畔的文化资源也出现了不同程度的凋零。这时如何溯流而上，保留时代的记忆，成了我们急需考虑的问题。

生于水畔，长于水畔，绍兴人的亲水情结浓厚，视运河文化保护和传承为己任。从20世纪末开始，绍兴就先后建成了环城河、运河园等著名的沿运工程，并通过水环境整治，使它们得以成为生态、文化和景观长廊。其中，运河园以创新思路，收集、整理了运河沿线散落的文化资源，建成融历史、文化、风情、生态于一体的6个景点。2006年，运河园工程还被中国风景园林学会授予优秀园林古建工程金奖。

水利源于河道工程，为人类的生存繁衍和经济社会的持续发展奠定了基础，但随着时代的进步，河道工程防洪、排涝、灌溉等基本功能已经无法满足新时代水利工作的要求。新格局下，治水的内涵需要不断拓宽和延伸，包括环境整治、区块纽带、生态景观、文化传承等新内容，都将纳入水利的可持续发展。

千年逝去，浙东运河沿岸沧海桑田，曾经鲜活的人、事、物慢慢归入了历史，但是浙东运河却并没有就此没落。今天，浙东运河畔仍留有小桥、流水、人家的诗情画意，同时也谱写着前进的现代新篇章。

大运河（嘉兴段）：八水绕城 古韵悠悠

导读：大运河在嘉兴穿城而过。作为大运河沿线城市，嘉兴城市格局的形成与大运河有着怎样的关系？船闸是大运河上重要的水利设施，那么位于嘉兴境内的长安闸、杉青闸在历史上承担着怎样的作用？大运河又给嘉兴王江泾古镇带来了什么？

大运河（嘉兴段）：八水绕城 古韵悠悠

八水汇聚

“塘”有着堤岸、堤防的意思，而运河的纤道大都位于堤岸上，所以嘉兴人又称之为“塘路”；塘路与河道紧密联系，当地就把有纤道的大河称为“塘”。大运河（嘉兴段）中，嘉兴城西南段称为杭州塘，嘉兴城向北的河段称为苏州塘。此外，还有长水塘、海盐塘、新塍塘、长纤塘、平湖塘、嘉善塘。在这8条河段中，4条是来水，分别从杭州、海宁、海盐、乌镇方向流入嘉兴城；其余4条是去水，分别从嘉兴城流向苏州、嘉善、平湖与上海方向。这8条主要河段之间横塘纵浦、大港小泾，形成密如蛛网的运河水网，嘉兴也成为“八水绕城”的运河水网中心。

嘉兴南湖在运河水网当中相当于一个大的“水柜”，由运河各渠汇流而成，上承长水塘和海盐塘，下泄于平湖塘和长纤塘，南湖四周地势低平，河港纵横。它可以调控杭嘉湖平原、嘉兴城的水源，保证嘉兴城供水的稳定。

互联互通

宋代，嘉兴被称为“秀州”，管辖嘉兴、华亭、海盐、崇德四县；元代，嘉兴被称为“嘉兴路”，管辖范围与宋代相同，其地域相当于今天的嘉兴市（不包括海宁）和上海市吴淞江以南地区。

秀州在杭州湾有乍浦、澉浦等港口，在吴淞江下游有青龙港、上海港等港口。这些港口与大运河（嘉兴段）水网有机联系，具有江河联运的特点。澉浦，其内河航运的中心就在镇西的六里堰。六里堰下河连接运河水网，《澉水志》中有“张公桥在六里堰下，本镇运河水脉至此始分为二，由桥侧上西南王家庄到茶园通港，由桥下入西北火烧港通玄通港”的记载。茶园港连接海盐塘，海盐塘向北通往嘉兴与大运河汇合。乍浦在镇北有水道通平湖塘。澉浦与乍浦都可通过水路到达嘉兴连接大运河，再由此融入全国水上交通网络。青龙港有人工运河顾会浦，向南到达松江城，与秀州塘相通，秀州塘连接嘉善塘，到达嘉兴与大运河相连。

大运河（嘉兴段）与港口之间有机联系，也是各港口的优势所在。直至今天，嘉兴在嘉兴港建有河海联运工程，实现运河与港口之间的互联互通。

闸

浙江嘉兴，长安古镇，河流纵横、碧波荡漾，自古就是南来北往的水陆要冲，唐宋时就建为市镇。镇上的长安闸由“三闸一坝”组成，曾是大运河上繁忙的船闸，舟楫相连，终日不绝。如今，舟楫声虽已远去，但船闸遗址仍在，从闸口两岸的古条石上，依稀还能感受到曾经的繁华。

元代之前的运河出杭州城北关，沿着上塘河经过临平到达长安镇，再在长安与下塘河连接。上下塘运河之间有近2米的落差，为了防止上塘河水下泄，筑有水坝，称“长安坝”，下塘船只经过长安先卸掉货物，空船用牛拉着越过坝。古代大运河的航运，远比我们想象的复杂。长安闸就是由上、中、下三闸组成的复闸系统，以闸门的次第开启，调节不同闸室的水位，形成上下河之间的“平水”，实现通航，原理有点类似于今天的长江三峡大坝。据史料记载，北宋崇宁二年（1103），又设两澳，就是为两个闸室输水、蓄水的“大水柜”。

这种成熟运行的闸澳制度，达到了平稳航道、水量循环利用的多重工程目的。时光流转，运输技术的更迭未曾停息。舟楫声虽已远去，但碧水依旧，长安闸附近的运河段一直是当地人心中深沉而绵长的眷恋。位于嘉兴城北运河段的杉青闸，同样也是大运河（嘉兴段）历史上重要的水利设施及管理机构之一。把杉青闸复原回当时的水环境，便能看出古人的水利智慧。当时杭嘉湖水流南高北低，杉青闸抬高了水位，可以保证嘉兴城的供水。

运河之畔 丝绸名镇

古桥，不仅是连接空间、沟通山水的设施，还是一件艺术品，是文化的结晶，它连接着历史、现实与未来，是历史的见证、文明的纽带、文化的载体。浙江嘉兴，王江泾古镇，大运河穿镇而过。它有着浓浓的历史底蕴、秀丽的风景，时光在这里静静流淌。它有一座横跨大运河的三孔石拱桥，名叫长虹桥。它如一部绚丽多彩的文化史诗，在大运河上无声地展现着古代工匠建桥的智慧和先贤便民的公益善举。

王江泾镇，除了发达的水运以外，苏嘉铁路也经过这里，有着优越的地理位置。明代小说《石点头》中就写道："王江泾北通苏、松、常、镇，南连杭、绍、金、衢、宁、台、温、处，西南即福建、两广，南北往来，无有不从此经过。"这一描写真实地反映了王江泾镇与运河的关系，由于运河带来的便利交通而形成了店坊林立、街市繁华的王江泾镇。嘉兴博物馆珍藏的《虹桥画舫图》，则描绘了长虹桥

《虹桥画舫图》

畔热闹生动的人物风情，重现了运河上长虹桥畔“市列珠玑，户盈罗绮”的盛况。

宋元时，王江泾已有丝绸生产和贸易，明代形成丝绸贸易集镇。当时，王江泾周边东至南汇及嘉善天凝，西至新塍桃园，方圆80平方千米内“多织丝缟之利”，产品均经王江泾镇集散，商贸兴盛，遂成“衣被天下”的丝绸贸易名镇。

大运河流经乡野、穿越村庄、哺育古镇，孕育了江南“鱼米之乡”。流淌不息的大运河，更是给嘉兴这座古城带来了飞速发展，将这座江南古城推向了“左杭右苏”“南北通衢”的重要坐标城市，滋养了嘉兴独特的运河文化和人文景观，留下了丰厚的历史文化遗产。

大运河（嘉兴段）：古今辉映　风物长存

导读：悠悠运河水，多少往事在桨声灯影中荡漾。位于嘉兴的月河历史街区为何会成为大运河畔的“黄金水岸”？作为嘉兴的标志性建筑之一，三塔的背后有着怎样的故事？素有“中国最后的枕水人家”之誉的乌镇，与大运河又有着怎样的联系？

大运河（嘉兴段）：古今辉映　风物长存

乌镇：千年水乡

乌镇，像江南旧时光深处的一名女子，娴静、温婉、似水柔情；又像是一位饱经风霜的老人，沉静、敦厚、阅尽世事。乌镇，河流纵横交织，大运河依镇而过，带来乌镇的自古繁华；当互联网织入千年水乡，千年古镇焕发时代新颜。流水潺潺，乌篷船穿梭在碧水之上，橹声阵阵，吟唱着千古不变的歌谣。

乌镇是一个充满江南水乡韵味的大镇，明清时期的乌镇规模已经超越许多县城，直追府城嘉兴。乌镇发展的因素有许多，其核心就在于它在杭嘉湖平原以运河为骨干的水网结构中的位置，乌镇是杭嘉湖平原水网西北部的水网中心。乌镇向南以金牛塘连通运河，再接康泾塘到达桐乡县城梧桐；向东北以烂溪塘到达江苏平望，与运河相连；向东于烂溪塘分流新塍塘通往嘉兴，与运河相连；向西南通过白马塘到达石门镇，与运河相连；向西则以含山塘、新市塘与运河相连；向西北与南浔、湖州有水道相通。

江南运河开通以后，嘉兴经过一代又一代人的努力，在杭嘉湖平原开挖了纵横交错、密如蛛网的河道，形成以运河为骨干的极为发达的水网，嘉兴也成为最典型的江南水乡，而乌镇在运河水网中独特的地位决定了乌镇必然会成为一方巨镇。但在江南运河开通以前，杭嘉湖平原大部分是“数百里之间靡然榛莽”的沼泽荒野。有了运河，一方面，能通过运河把杭嘉湖平原的积水北排吴淞江再流入大海；另一方面，又把天目山苕溪水引入嘉兴，由此为杭嘉湖平原的农业开发奠定了基础条件。中唐至五代时期，嘉兴在大力开挖以运河为骨干的水网的同时，营造了湖塘圩田系统与塘浦圩田系统。

月河历史街区：传统文化与现代元素交融

大运河在时间的年轮里，形成了两岸缘水而成、应水而生的历史文化街区。千百年来，它们在历史的时间线上，演绎着一个又一个精彩的故事。嘉兴月河历史街区，传统民居依水而建，古街深巷迂回曲折、纵横交错；小河、古桥、狭弄、旧民居等还原并展现了浓厚的水乡古城风貌。漫步其中，恍惚间，时光仿佛倒流了千年。

早在南宋时，月河一带就商业兴盛，居民四附，形成市井；明清时期，月河街区达到全盛。中街、殿基湾、烟作弄、糕作弄、蒲鞋弄……这些都是当时的旧街名字，直观地反映出商业与民居混杂的特点。如今，传统文化与现代商业在这里完美交融，吴越文化、运河文化、稻作文化、粽文化都以不同形态存在着。站立于桥头，白墙黛瓦间，不知有多少浓缩的历史和故事隐藏于这寻常巷陌之中。

三塔：一座城市的标志之一

大运河在嘉兴穿城而过，江南运河自长江南岸的镇江，经过苏州到钱塘江北岸的杭州。苏、杭之间的运河两岸是锦绣江南的核心地带，苏、杭自古就有“上有天堂，下有苏杭”的美誉，而运河名城嘉兴地处苏、杭之间，被形象地称为“天堂驿站”。大运河滋养了嘉兴独特的运河文化和人文景观，留下了丰厚的历史文化遗产。位于嘉兴的三塔，历来是嘉兴的标志性建筑之一，也是大运河的标志之一。昔日，当船只行到大运河三塔湾河段时，远远便能望见三塔屹立河畔，人们自然地从心里唤道：嘉兴到了！

大运河三塔湾段河道复杂。古时，运河北流至此，自东向北转了一个直角的

三塔石柱

急弯，河道向南折不过百米，又一个直角的急弯折向西行，往嘉兴桐乡境内而去，形成了运河上有名的三塔湾。三塔临河面，耸立着长长的石柱，是为了防止船只过往拉纤时纤绳损坏塔身。石柱上面留下的深深印痕，仿佛诉说着三塔的历史。

三塔建筑造型美观，三塔并峙，塔天倒影，波光粼粼，白帆片片，拉纤行舟，尽显江南水乡秀丽风光。三塔，是大运河文化的一种象征，充分体现了大运河的历史文化价值。

奔腾不息的大运河孕育了嘉兴文明，使嘉兴成为“鱼米之乡、丝绸之府”。大运河（嘉兴段）怀抱城市，八水汇聚，是嘉兴境内活着的、流动的重要文化遗产。它留下的众多的人文景观和文化遗存，犹如一道长长的亮丽风景线，让千年文脉在嘉兴奔涌不息。

大地史诗　千年运河

大地史诗　千年运河

2014年6月22日，在卡塔尔首都多哈召开的第38届世界遗产大会会议现场，中国大运河项目正式通过审议被列入《世界遗产名录》，成为中国第46个世界遗产项目。

当时间回溯到公元前486年，吴王夫差为了军事需要，在邗城以北开凿运河，引长江水北流入淮水，从淮安河下镇的末口直达邗城，这条人工水道便是早期的大运河——邗沟。大运河自此开始了她流淌交融的千年之旅。中国大运河全长近3200千米，其中隋唐大运河是隋炀帝时期修建的，到了元代，又开凿了南北直线联通的京杭大运河。在浙江还开凿了杭州通往宁波的浙东运河。大运河将海河、黄河、淮河、长江和钱塘江五大水系连成了一体，形成一条黄金水道。

开凿大运河最初是为了军事和供给运输上的便利。历代的漕运，用今天的话来讲，就是指国家指令下的利用水道调运粮食的专业运输，运送粮食的目的是供宫廷消费、百官俸禄、军饷支付和民食调剂。运河漕运，是我们古代漕运最主要甚至是唯一的办法。江南是水稻的发源地，水稻种植历史悠久。今天，人们用稻米创造着舌尖上的文明。而在古代，一个国家如果没有足够的粮食储备，将直接影响这个国家的生死存亡。

宋高宗赵构最终选择定都临安，其中一个很重要的原因就是这里运河畅通、水上运输能力极强。同时，大运河（杭州段）有着得天独厚的地理位置，既是京杭大运河的南方终点，也是浙东运河的起点。一方面，南宋定都临安之后，在宋高宗赵构的推动下，当地经济急速发展，城内水道纵横，桥梁林立，码头沿河而设，形成了很多大大小小的商圈；另一方面，从各处运来的丰富物产，由杭州出发，走浙东运河，经绍兴到宁波，从宁波转海运，通过海上丝绸之路，最终将中国特产的陶瓷、丝织品、茶叶等物产源源不断地运往海外。

运河沟通南北，促进了经济的繁荣，同时运河流经的地方，更蕴藏着人们生活的智慧和文化。沿浙东运河一路向东，经过绍兴上虞后，就进入了宁波余姚界内。与浙东运河西端及京杭大运河基本由人工挖掘不同，浙东运河余姚段充分利用了姚江这条天然河道以及平原水网，将天然河道与人工河道相互结合，形成了人与自然和谐共创的运河水网，堪称“天工人巧”。余姚段分布着斗门老闸、斗门新闸、西横河闸等水利航运设施，统称马渚横河水利航运设施。这些水利设施在空间上东西呼应，发挥了航运、节制的作用，成为沟通曹娥江与姚江之间的重要枢纽；在时间上，它们也反映了宋元以来，这段运河上水利航运设施技术的演进过程，为运河发展、变迁提供了一个截面。千年运河映射出两岸百姓追求美好生活所付出的辛勤。

开凿于西晋太康年间的頔塘，距今已有1700多年的历史，是历史上江南运河的“西线”，也是大运河的重要支线。頔塘自湖州东门迎春桥经南浔至江苏平望莺脰湖，全长约60千米，南浔区境内约22.16千米，是江南重要的交通航道、漕运通道和水利设施。到了唐代，面对盛唐的繁荣经济，頔塘不再只是一个水利工程，而是又成为一个交通的主要命脉。江南的粮食丝绸就通过它，通过大运河运到京城，所以当时的官府码头主要的商铺都建在頔塘的两旁。

江南运河分东、中、西三线，北接长江，南接钱塘江，三条线呈扇面展开，形状如同河蚌。湖州德清的新市古镇位于江南运河的中线要道，是江南运河这一河蚌上一颗闪耀的明珠。1700多年前，一个叫朱泗的年轻人，在一片滩涂和沼泽中挖出了河道，并在两岸砌起石堤，筑成新市引水蓄排的“西河口”水利工程。而这个工程也将南面的江南运河中线与西面的漾溪港贯通，从此水入新市，有效缓解了当地的旱涝灾情，同时方便了人们的生活起居。“以水兴市、以市兴商”，新市凭借特殊的地理位置，逐渐成为江南运河中线上重要的商岸“大码头”之一。

大运河上诞生了绚丽多彩的文化史诗，无声地展现着古代工匠建桥的智慧和先贤便民的公益善举。浙江嘉兴，曾经的长安古镇，是南来北往的水陆要冲，镇上的长安闸由“三闸一坝”组成，它曾是大运河上繁忙的船闸，舟楫相连，终日不绝。

流淌的运河水带来繁华，记录着人们的智慧和文明。绍兴的八字桥，经历了千百年的风风雨雨，至今依然保存完好，清晰地记录下中国古代关于连接和跨越的智慧。

河一直延续在我们的生活中，让我们感到时光的流逝，也让我们感受到了激情与力量在大运河两岸积蓄生长。无论是过去还是将来，继承传统，谱写未来，始终是南来北往的大运河呈现出的动人主题。遇见大运河的我们，也正在和世界一起发现、认识这条活着的、流动着的文化遗产。